仁清　金と銀

NINSEI Silver and Gold

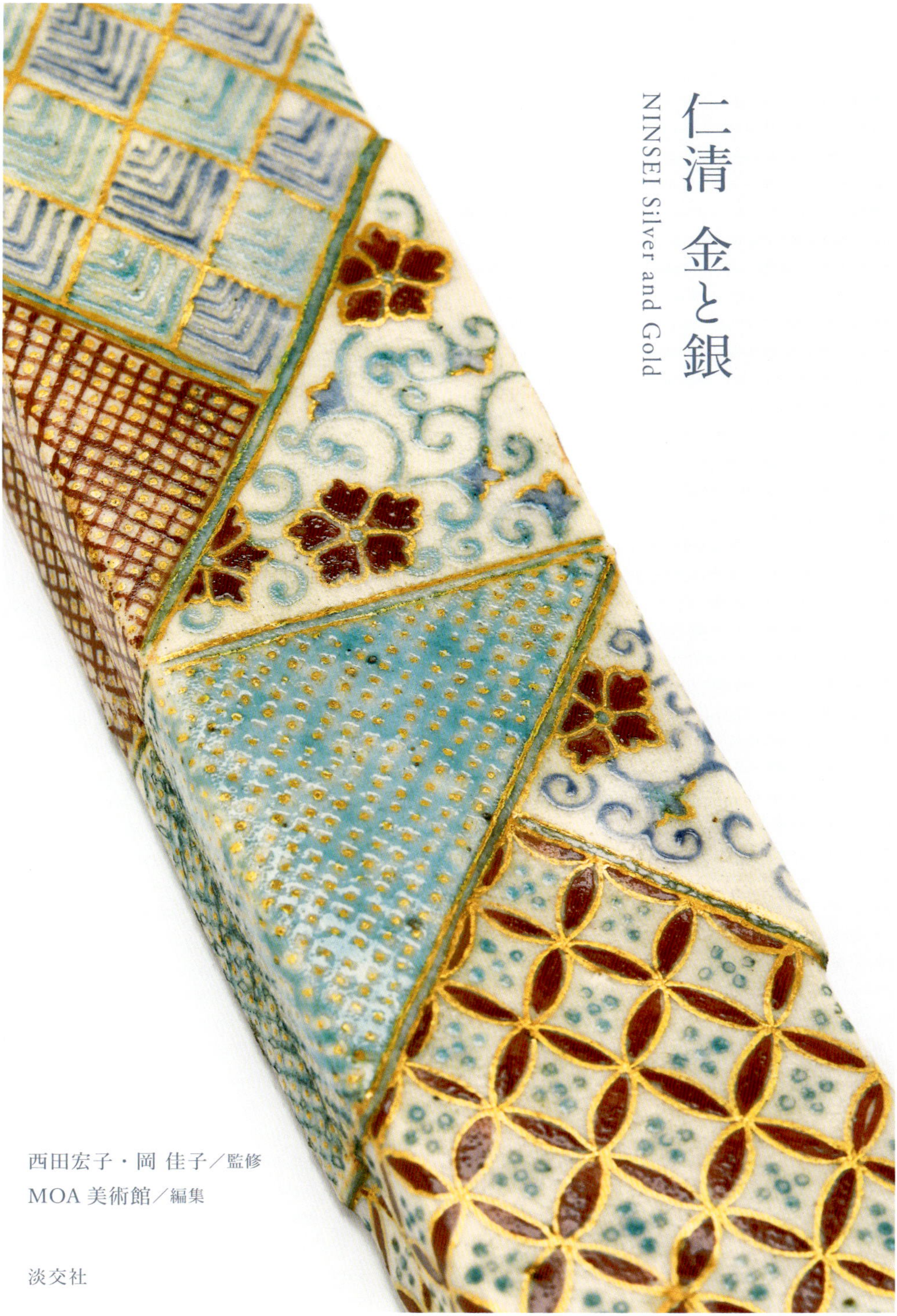

西田宏子・岡 佳子／監修
MOA 美術館／編集

淡交社

序

ＭＯＡ美術館のコレクションは、創立者・岡田茂吉（一八八二〜一九五五）によって第二次大戦後から本格的にその収集が開始されました。岡田茂吉の収集方針は日本美術を中心とし、絵画は琳派と肉筆浮世絵、工芸は仁清・乾山・鍋島、蒔絵に力を注ぎました。その有終の美を飾ったのが、京焼の祖・野々村仁清の国宝「色絵藤花文茶壺」です。この茶壺は別名「藤壺」とも呼ばれ、岡田茂吉は長年にわたり入手を希望していましたが、それは不可能と言われていました。しかし、「藤壺」は、岡田茂吉の亡くなる二日前の昭和三十年（一九五五）二月八日に奇跡的に届けられました。

平成二十九年（二〇一七）、ＭＯＡ美術館リニューアルにあたり、岡田茂吉がその生涯をかけて収集したコレクションの中で最も大切にした「藤壺」を展示する特別室を現代美術作家・杉本博司氏と建築家・榊田倫之氏に設計依頼しました。特別室は黒漆喰の壁で覆われ、部屋の中央に特別ケースを設置し、柔らかい光が天空から「藤壺」に降り注ぐように設計し、古美術と現代美術がコラボする現代アート空間を創り出しました。

本年はリニューアル三周年記念事業として、当館の至宝である「藤壺」と仁清の金銀彩と色絵の技法に焦点を当てた特別展「仁清　金と銀」を企画致しました。本企画は三部構成とし、第一章は初期御室窯の形成に密接な関わりを持った金森宗和（一五八四〜一六五六）好みの茶碗や茶入などの単色釉の作品を中心に紹介します。第二章は金銀彩、色絵への展開を示す多彩な上絵技法で装飾された茶碗、香合など。第三章は京極家の茶壺を中心に水指、釘隠などを展観します。特に貞享元年（一六八四）刊『雍州府志』に「仁和寺門前に仁清の製造する所、これを御室焼と称す、始め狩野探幽並に永真等をその土上に画か令む」とあるように、仁清の上絵付は様々な絵師達が参加したと考えられています。それゆえに藤図、梅月図、吉野山図などの意匠に共通する屏風絵、絵画、小袖、蒔絵の作品を併せて展示し、仁清の時代またはそれ以前の作品との関連を示して、仁清の特質を示す展観も試みました。「藤壺」及び重要文化財「色絵金銀菱文重茶碗」の科学調査は中井泉氏の研究グループに依頼しました。仁清の金銀彩が箔か泥かの技法解明、「仁清黒」と呼ばれる黒釉の組成について新知見を得ることができました。新発見の『平田職直日記』（宮内庁書陵部蔵）は、十七世紀後半の公家、茶の湯者、能役者など京の文化人の活動を示す重要な史料です。

本書の刊行にあたって、監修の西田宏子氏、岡佳子氏をはじめ、科学者、美術史家、歴史家、さらに貴重な作品のご出品をいただいた所蔵者に対して深甚の謝意を表したく存じます。本書の刊行によって、今日の仁清研究の最前線を紹介できると考えています。

ＭＯＡ美術館　館長　内田篤呉

凡例

・本書は、ＭＯＡ美術館で令和元年（二〇一九）十一月一日から十二月八日までの期間で開催するリニューアル三周年記念特別展「仁清 金と銀」の図録を兼ねる。
・本展覧会は芸術文化振興基金助成事業である。
・展示替え等の都合により、本書に掲載している作品でも展示されていない場合がある。
・作品番号は展示の順序とは必ずしも一致しない。
・各図版に付したデータの記載は、原則として、作品番号・作品名（作者名含む）・作品名英訳・指定・制作年代・所蔵・法量の順とした。法量はセンチメートルの単位で表示した。
・陶芸作品のうち、作者名を記していないものは仁清作品で、制作年代は記していないが「江戸時代 十七世紀」である。
・作品ごとに解説を付した。仁清作品の解説内における印とは「仁清」印を指す。
・各章の扉解説および作品解説は、米井善明（ＭＯＡ美術館学芸員）が担当した。
・本展覧会のキュレーションは内田篤呉が行い、矢代勝也と米井善明が担当した。
・英文翻訳は、西一嘉が担当した。
・巻末に記載の作品リストには、作品番号・指定・作品名・作者・員数・制作年代・所蔵・掲載頁のみ記した。
・出品作品の写真は、おもに所蔵者および寄託先の提供による原版を使用し、一部新規に撮影した。新規の撮影は、渞忠之・宮野正喜・宮原尚永堂が担当した。
・各論考の挿図は、所蔵先の許可を得て、美術図書・展覧会図録等の出版物から一部転載・引用した。

仁清　金と銀
もくじ

第一章

宗和好みと仁清のかたち

Kanamori Sowa and Ninsei
—Taste in forms

仁清の御室焼の窯は、正保四年（一六四七）頃、仁和寺門前に開かれたと考えられています。この開窯を推進したのが茶匠・金森宗和（一五八四～一六五六）で、没する明暦二年まで密接な関わりを持ちました。ここでは、御室焼の初期十年の間に創始されたと考えられる宗和好みの唐物名物形茶入・高麗呉器写茶碗・銹絵茶碗・初期の色絵などを紹介します。また、透かしを入れた鉢、釉薬の流れに創意を見せる茶碗や水指など、仁清の造形の確かさと優れた意匠性を示す作品群をご覧ください。

1

銹絵水仙文茶碗《さびえすいせんもんちゃわん》

Tea bowl with sabi'e narcissus design

重要文化財
天寧寺
高 8.6 口径 12.6 高台径 4.0

金森宗和とその母の菩提寺である京都・天寧寺に伝来し、彼の寄進状（No.2）が付属するため、初期の御室焼と考えられる。胴を中ほどで締め、口をやや内側に抱え込んだ形は、仁清の茶碗によく見られる宗和好みである。釉下に銹絵で水仙を描くが、花・茎・葉の部分に白泥を盛り上げていることが注目される。吹墨のように銹絵をぼかして輪郭を取った白泥の水仙花が特に引き立って見える。やや小さな高台内に小印が捺されている。

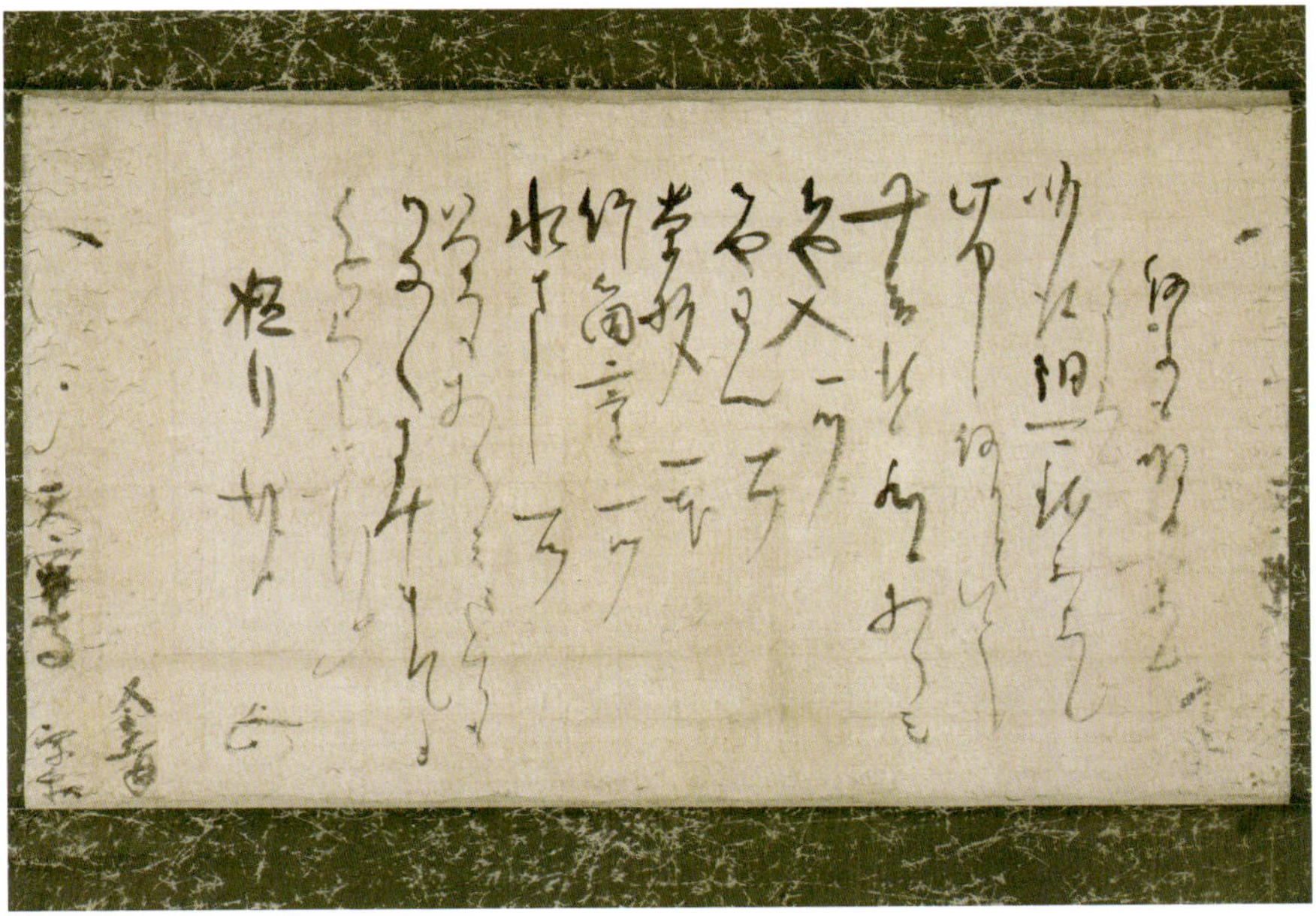

（釈文）

何事も明日参て
可申上候

明後朝可致参上候也
此中何かといたし
無音仕候、然者あらミ
ちや入　一つ
ちやわん　一つ
茶杓　一本
竹筒二重　一つ
水さし　一つ
いつれもあらミ二候ても
御なくさみまてに
進上申候、恐々謹言
極月廿日　（花押）
金森
天寧寺　宗和

2

金森宗和寄進状《かなもりそうわきしんじょう》

Letter of donation by Kanamori Sowa

江戸時代　17 世紀
天寧寺
紙本墨書 縦 29.0 横 49.5

金森宗和から母の菩提寺である天寧寺にあてた書状で、茶道具5点を進上する旨が記されている。「銹絵水仙文茶碗」（No.1）とともに伝来することから、本文中の「ちやわん」は同碗を指すと考えられ、宗和と仁清の御室窯との関わりを示す貴重な史料である。

3

流釉茶碗《ながれゆうちゃわん》　銘《めい》 片男波《かたおなみ》

Tea bowl with ash glaze “Kataonami”

個人蔵
高 9.4 口径 12.6 高台径 5.0

胴を少し締め、口縁を抱え込む形は宗和好みといわれている。見込み全体に施した白濁釉には、兎毫の釉文が認められる。外側には、灰釉の上に片方から白濁釉を高台際まで掛けている。波の飛沫のように点じられた白濁釉は一見無造作のようだが、意匠的な効果を十分計算している。極めて薄作りで、赤く焦げた素地はよく焼きしまっている。片薄に削り込まれた高台内に小印を捺している。内箱蓋裏の貼紙に、「元は本多播磨守の所持であった。箱に宗和の筆によって〝片を波〟の銘があったが、自家の婚姻の際、新しくした」旨の貼紙がある。

4

銹絵瓢簞唐草文茶碗《さびえひょうたんからくさもんちゃわん》

Tea bowl with sabi’e gourd design

個人蔵
高 7.5　口径 13.5 – 14.2　高台径 4.6

口縁を緩やかな四方とした上で、ひとすみを特に鋭く折り曲げて注ぎ口のようにした珍しい形の茶碗である。外側にのみ瓢簞と蔓草の文様を抜いて鉄釉を薄く掛け、高台際まで施釉している。美濃焼の鼠志野の技法を思わせるもので、仁清の技術の多様性を示す作例として貴重である。高台は輪高台でくっきりと削り出している。平瀬露香（1839 – 1908）による箱書があり、蓋表には「おむろやき」、蓋裏には「山志な　毘沙門堂より出る（花押）」とある。

5

呉器写茶碗《ごきうつしちゃわん》　銘《めい》 無一物《むいちぶつ》

Tea bowl in Goki style “Muichibutsu”

静嘉堂文庫美術館
高 8.4 口径 12.7 高台径 5.8

朝鮮半島で焼かれた「呉器」と呼ばれる高麗茶碗の写しで、「無一物」と銘がある。呉器写しは御室焼のみならず同時期の粟田口や音羽焼でも焼かれたことが『隔蓂記』などで確認される。すっきりとした椀形の形状で、裾に広がる撥形の高台が付き、赤い斑文が内外にあらわれる。畳付には四個の目跡があり、高台内には渦状の削りがあるが、それらは呉器を忠実に再現している。しかし、茶碗を正円とせず一面を押して平らにした造形には、仁清の独創性が認められる。高台内に幕印を捺している。

6

色絵波に三日月図茶碗《いろえなみにみかづきずちゃわん》

Overglazed tea bowl with wave and crescent moon design

東京国立博物館
高 9.2　口径 12.6　高台径 4.6

深い見込みを持つ、丸みのある椀形の茶碗で、低い高台に 2 箇所の丸い削り込みを入れて割高台にした呉器写しである。No.5 と同様に一側面を押した造形に特色がある。外側は腰から裾にかけて刷毛で境界線をぼかして白化粧し、その上に濃紫色の月と青・緑の波濤を伸びやかに描いている。高台内に小印を捺している。箱書には「宗和老ヨリ来仁和寺焼 / 茶碗一　俊了」とある。俊了とは北野正琳寺の住職で宗和と昵懇の人物と思われ、宗和を通じて入手した茶碗であることがわかる。

7

銹絵梅月文茶碗《さびえばいげつもんちゃわん》

Tea bowl with sabi'e plum and moon design

MOA 美術館
高 9.4 口径 11.4 高台径 5.9

口縁を外開きにした筒形の茶碗で、稜を取った腰の裾まで釉を掛けている。白泥で月をあらわし、その周囲を銹絵でぼかし、さらに梅の一枝を銹絵で描いている。ロクロ目はかなり粗く、口縁も一方が外にそり出しているため高低差があり、作為を感じさせる。西田宏子氏は『宗和茶湯書』に記載された慶安 4 年（1651）の茶会で使用される「御室月ニ梅の絵」茶碗を本作に類似するものと推定され、御室窯初期の作である可能性を指摘された。土見せの高台の削りは粗く、縁の大きな面取りによって、横から見るとほぼ算盤玉形を呈するが、同類の高台が窯跡にて採集された陶片にも見える。

8

白釉輪花水指《はくゆうりんかみずさし》　雪月花《せつげつか》

Water jar with frilled rim and white glaze
"Snow, moon and flower"

湯木美術館
高 11.4　口径 14.0　胴径 22.1　底径 9.7

鉄鉢形の器形に天板を付け、立ち上げた縁を輪花とした水指で、一方に寄せて円形の口をあけている。銹釉を外側全体と天板上に３筋流れるように施し、その上から内部にまで白釉を掛けている。胴の外側にも２筋の白釉が口から落ちるように流れている。仁清の優れた造形性と意匠性とがあらわれた水指である。「雪月花水指」の名は、白釉を雪に、丸い口を月に、輪花の縁を花に見立てての呼称であろう。底は平底で小形の幕印が捺されている。宗和好みの塗蓋が２枚添っている。

9

瀬戸釉肩衝長茶入《せとゆうかたつきながちゃいれ》　銘《めい》 存命《ぞんめい》

Shouldered oblong tea caddy with Seto glaze "Zon-mei"

野村美術館
高 14.5 口径 3.0 胴径 4.5 底径 3.3

仁清の茶入には、非常に背が高く紡錘形に胴部を膨らませるものがある。『宗和献立』に記載される「ちや入御室せい高」がこのような茶入と推測される。よく水簸された土を用い、鋭い肩をつけて胴に一条の刻線を彫り入れる。瀬戸釉を両側と上からと３回掛け、釉肌に鶉斑が認められる。土見せの緋色が美しい。背は高いが、内部はほぼ下半分までしか削っておらず、下部は重く安定している。『宗和献立』に登場する「あけそこ」と記載される茶入はこのようなものを指しているかもしれない。底は右回転の糸切底で、小印が捺されている。箱の身と蓋に「御室　存命」とある。

10

黒釉金彩肩衝長茶入《こくゆうきんさいかたつきながちゃいれ》　銘《めい》 しらね《しらね》

Shouldered oblong tea caddy with black glaze and gilt
“Shirane”

滴翠美術館
高 14.9 口径 3.0 胴径 5.5 底径 2.9

No.9 と同様の茶入だが、胴部の膨らみは裾あたりまで下がっており、内部は、上から５分の３くらいまでしか削っていない。下約３分の１を土見せとして白釉を施した上から鉄釉を両側から掛け分けている。雪をいただいた富士をあらわしたようで、富士形の中ほどには、金彩が施され、掛かる霞のように見える。金彩部分には透明なのりのような帯をめぐらし、その上に金粉がまかれているようで、仁清の金銀彩における工芸的手法を考える上で興味深い。土見せの素地はきめ細かく、底は糸切で繭印が捺されている。

11

褐釉撫四方茶入《かつゆうなでよほうちゃいれ》

Square tea caddy with brown glaze

高津古文化会館
高 9.6　口径 3.0　胴径 4.2 × 4.2　底径 3.0

ロクロで筒形に挽いたのち、四方を小判形に押さえて成形した茶入で、四面にはやや膨らみがある。褐釉を両脇から掛け、さらに黒釉を頸周りに二重掛けしている。黒釉は茶入の正面に一筋流れて景色を作る。褐釉の掛け方により土見せが二峰の山形を見せ、優れた意匠性を持つ茶入となる。『松屋久重他会記』の慶安元年（1648）3月25日条に「宗和切形トテ、トウ四方也、シマノ袋　茶弁当ニ入レル為ト云ヘリ、仁和寺ヤキト也」との記述があり、このような茶入と考えられる。底は、右回転の糸切底で繭形枠の小印が捺されている。

12

褐釉水滴茶入《かつゆうすいてきちゃいれ》

Tea caddy with spout and handle, brown glaze

MOA美術館
高 8.0　口径 3.4　胴径 6.9　底径 3.7

仁清は開窯初期の段階から瀬戸での修業を元に唐物写しの茶入を多く制作しており、No.13のように組として揃った例も知られている。本作品はそのような茶入の1つと考えられ、薄作りで水滴の形状であり、褐釉を掛けている。唐物写しらしく胴に刻線をめぐらせ、底は糸切にして左側に小印を捺している。

13

唐物写組茶入《からものうつしくみちゃいれ》

A set of Chinese-style tea caddies

根津美術館

1 瓢箪茶入 高 6.8 口径 3.0 底径 3.0
2 振出口茶入 高 4.9 口径 3.0 底径 3.5
3 蹲茶入 高 6.8 口径 3.2 底径 3.0
4 阿古陀茶入 高 6.3 口径 3.0 底径 2.7
5 驢蹄口茶入 高 4.4 口径 3.1 底径 2.6
6 皆口茶入 高 4.2 口径 6.5 底径 3.0
7 擂座茶入 高 6.1 口径 3.8 底径 3.3
8 手瓶茶入 高 6.5 口径 4.7 底径 3.5

1　2　5　6

仁清の茶入には、様々な形状の唐物茶入を写し、それを組として揃えたものがある。この組茶入は箱の覆紙に「宝永六己丑年　数茶入　八ツ　卯月九日」とあり、宝永６年（1709）に８個揃って伝世していたことが確かである。瀬戸で茶入の修業をしたとの『陶工必用』の記載を裏付けるように、仁清のロクロの技が冴えて極めて薄く挽かれている。釉薬も多彩で、手瓶と瓢簞は暗褐色のよく溶けた鉄釉に黄釉を掛けて景色としている。皆口と驢蹄口は柿釉地に黒釉をなだれ掛ける。蹲は釉肌に斑文がよくあらわれる。擂座は甑に白泥の円形の擂座を付け、内部に施した褐釉が一部外側に流れ出て、同じ釉で外胴部に檜垣文を施している。振出口は、胴が算盤玉のように張り出しており、一般にはエフゴと呼ぶ形状で、金気のある黒薄灰釉にねっとりした黒釉を掛けている。底は糸切で、小印が蹲と振出口では左に、それ以外は右に捺されている。

14

白濁釉月形水指《はくだくゆうつきがたみずさし》

Water jar in the moon impression
with opaque glaze

MOA 美術館
高 14.1　口径 13.4 – 15.8　底径 11.5

一重口水指の形状に成形した後、胴の一方をくぼませ、口縁は半月形にしている。内部は底にくっつきを残したまま白濁釉の二重掛けとし、外側はその釉を自然に流れるように掛けている。箱書に「宗和好仁清つきかた水さし」とあり、御室焼製品の斡旋について宗和との関わりが知られる加賀藩家老・本多家の貼紙が付されている。裾から底は土見せで、枠のない大印を捺している。

15

灰釉八角口下蕪花生《かいゆうはっかくぐちしもかぶらはないけ》

Ash-glazed flower vase with octagonal opening

MOA 美術館
高 22.2　口径 9.7　底径 6.8

わずかに広がる円筒形の口縁を八角形とし、下蕪を繋ぎ合わせた独創的な造形の花生である。全体に透明釉を裾まで掛け、一部に青みがかった白濁釉を掛けている。頸部の上３分の１くらいの位置で横一文字に、下蕪の中央部分では波形に色の違いが見える。低い高台を付けて平底にし、小判枠の大印を捺している。

16

信楽写耳付水指《しがらきうつしみみつきみずさし》

Water jar with lugs in Shigaraki style

個人蔵
高 20.3 口径 12.9 胴径 13.6（耳含 20.0）底径 7.0

仁清の作品の中で、信楽風の土を用いた独創的な造形の一群がある。本作品はその１つで、口縁を輪花とした双耳水指である。胴部の強いロクロ目、滑らかな削り、胎土中の白石が作り出す裾部の細やかな溝など多彩な技法が凝らされている。耳は瓢箪の透かしを入れた陶板を切り取って付けたもので、信楽風の野性味をあらわす。内部には白釉を二重に掛け、釉溜まりが認められる。底は平らで枠のある大印を捺している。

17

百合形向付《ゆりがたむこうづけ》

Side plates in lily flower shape

根津美術館
各 高 5.2 径 15.7

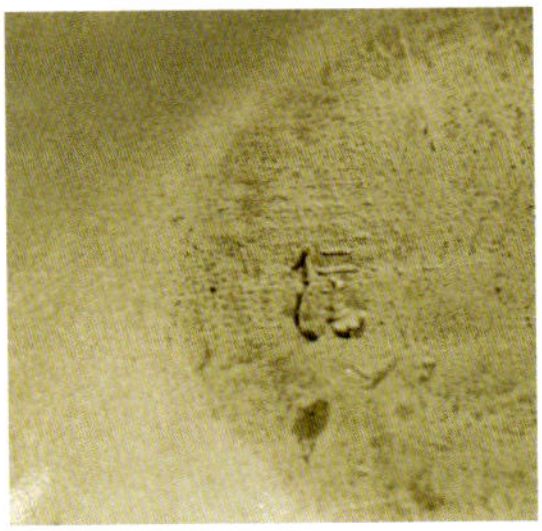

5客揃いの向付である。6弁の百合形の型の上に三又状に切り抜いた粘土板を置き、さらに3枚の花弁を付けてこの形を作る。花弁の中央には折り目を入れ、先端に呉須を無造作に点じ、やや濃い呉須を重ねている。底には小印が捺されるが、印や布目に釉薬が残っているため、一度全体に施釉し、底の部分を拭ったと思われる。『宗和茶湯書』に「御室ゆりはち」「御室ゆりさら」とあるのは、このような向付であろう。

18

御深井写菊透文深鉢《おふけうつしきくすかしもんふかばち》

Bowl with chrysanthemum design
in Ofuke glaze

根津美術館
高 14.4 口径 23.3 高台径 10.7

美濃の御深井焼を写した鉢である。ロクロで成形したのち、外から内に向けて７輪の菊花の透かしを切り込み、内側の切り口は面取りしている。全体に淡黄色の御深井釉を掛け、外側の口縁の下部に呉須で雲文をめぐらす。やや歪みのある鉢だが、仁清独特の造形性が認められる。見込みや裾の釉際には釉薬の溜まりも見られる。高台は無釉で大きく、白泥が塗られ、中央やや左上に小印を捺している。

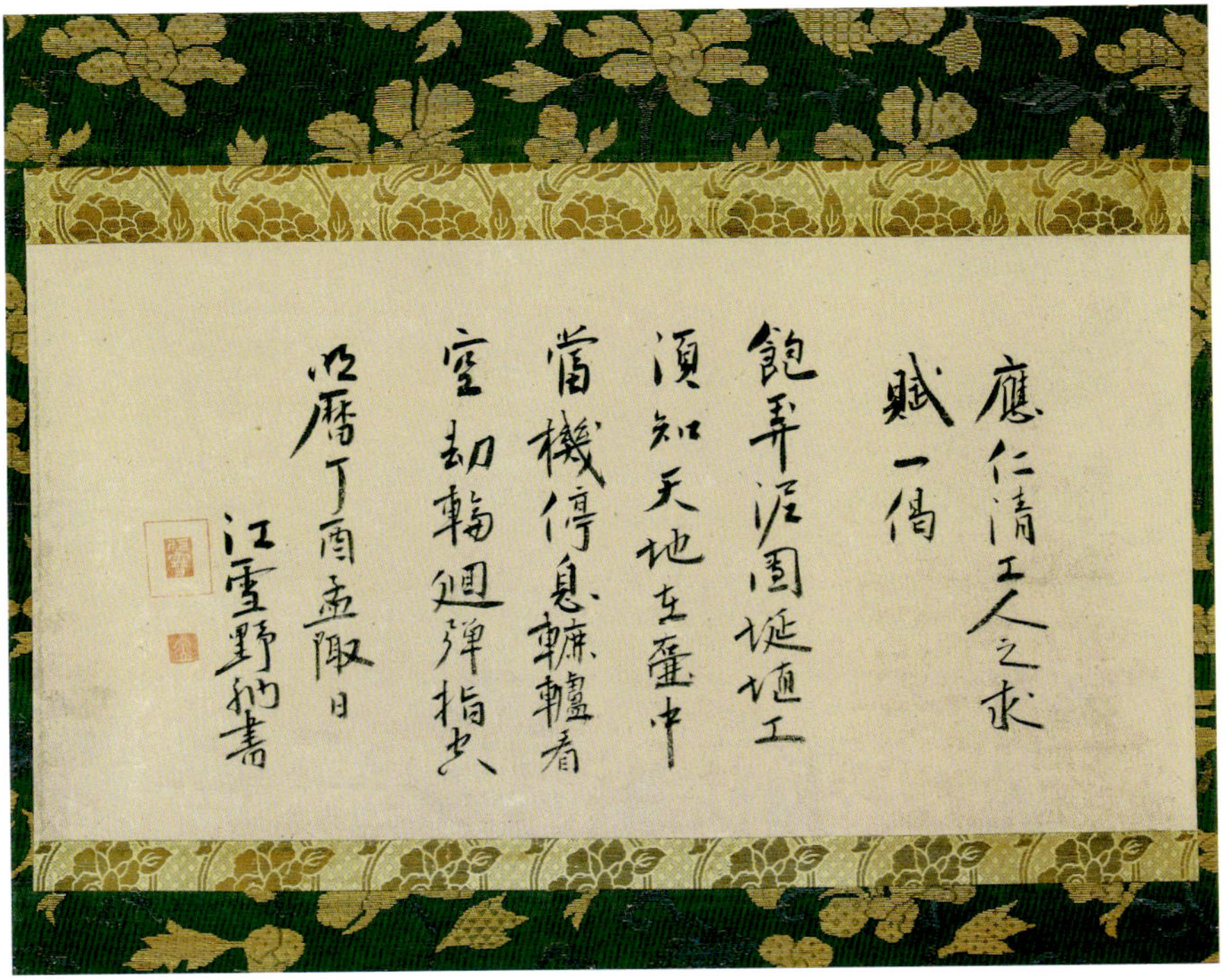

（釈文）
応仁清工人之求
賦一偈
飽弄泥団埏埴工
須知天地在壺中
当機停息轆轤看
空劫輪廻弾指空
明暦丁酉孟陬日
江雪野納書

「江雪」（白文長印）
「宗立」（白文方印）

19

江雪宗立筆《こうせつそうりゅうひつ》　仁清工人偈《にんせいこうじんげ》

Poem dedicated to Ninsei by Kosetsu Soryu

江戸時代　明暦３年（1657）
世界救世教いづのめ教団
紙本墨書 縦 26.0 横 48.6

大徳寺の僧・江雪宗立（1595–1666）が仁清の求めに応じて賦した偈である。「泥土を捏ねる工人は、天地が壺中に在ると知るべし、機に当たり息を停め轆轤を看れば、永劫の輪廻が一瞬の空となる」と、ロクロの技を禅の境地へと導いている。この偈が下された明暦３年（1657）は、「色絵輪宝羯磨文香炉」（No.31）の刻銘から「播磨入道仁清」と称しており、この頃に出家したと考えられている。偈の内容は得度に関わるものではないが、仁清の出家に江雪が関与した可能性もある。

第二章

金、銀、色絵への展開

Gold, silver and colored glaze—Evolution

御室窯では開窯まもない頃から金彩や色絵陶が制作されていたと思われます。初期の色絵は金・青・水色・赤などに限られていましたが、次第に銀・黒・緑なども加えた華やかなものへと展開していきました。本章では、色絵の香合と茶碗を中心に、独特の造形美を示す大型の香炉・花生・水指などの金銀彩を施した色絵陶を紹介します。これらは、白釉の上に緑・紫・黄・赤などの多彩な色絵具、貼り付けや焼き付けで施した金や銀、透明釉を掛けた上絵黒など、様々な技法で装飾されています。

20

色絵金銀菱文重茶碗《いろえきんぎんびしもんかさねちゃわん》

Pair of tea bowls with lozenge design in gold and silver

重要文化財
MOA 美術館
金菱 高 8.1 口径 8.9 高台径 4.9
銀菱 高 9.2 口径 9.9 高台径 4.9

宗和の依頼による東福門院への献上品と伝わる。銀菱の碗に金菱の碗が収まる「入れ子」の形式で、やや丸みのある半筒形に成形される。口縁部は金と赤の彩色で縁取り、見込みには仁清独特の漆黒釉を施す。外面の上半分は、白釉の帯に赤で縁取った金・銀の菱繋ぎ文を、下半分には意匠化された蓮弁文をめぐらし、斬新な装飾に仕立てている。今回の科学調査で、蓮弁文と見込みの黒釉は、呉須と鉄釉などを混合したもので、光沢を出すために表面に透明の鉛釉が塗られていることがわかった。また、金銀の菱文は箔を貼り付けたように見えるが、金泥を磨いて焼き付けていることが判明した。高台裏まで透明釉が塗られ、高台内に小判枠の小印が捺されている。

21

色絵鱗波文茶碗《いろえうろこなみもんちゃわん》

Overglazed tea bowl
with design of triangle tiles and wave

重要文化財
北村美術館
高 8.7 口径 12.4 高台径 5.0

胴を少し締め、口縁を抱え込んだ形で、宗和好みといわれる茶碗の1つである。見込みには白濁釉が掛けられ、外側には高台から口縁にかけて緑釉が流し掛けられている。この流釉は、自然に見せつつも意識的に文様的効果を狙っており、掛け切り手と呼ばれる。素地の部分には緑と青の上絵を用いて8段の鱗文を描き、その内部にも金彩で鱗文を施している。片薄に削られた高台内に小印が捺されている。『本多氏古文書等』に本作品が認められる。加賀本多家伝来。

22

色絵青海波文茶碗《いろえせいがいはもんちゃわん》

Overglazed tea bowl with wave design

個人蔵
高 8.6　口径 12.4　高台径 5.2

胴を少し締めて口縁を抱え込む器形、外側に緑釉を流し掛ける手法は No.21 に共通する。緑釉は口縁から胴の中ほどまでで、広い素地全体に金泥の縁取りを伴った青海波を緑釉であらわし、一部に青釉で波濤を描いている。片薄に削られた高台内に小印が捺されている。

23

色絵鉄仙花文茶碗《いろえてっせんかもんちゃわん》

Overglazed tea bowl
with clematis and arabesque design

根津美術館
高 8.6 口径 12.2 高台径 5.2

胴を少し締め、口縁をやや抱え込むNo.21・22に共通する茶碗である。白濁釉を見込みの一部と外側に掛けて本焼きし、鉄仙花と蔓唐草を上絵付けして透明釉を薄く塗る。鉄仙花は赤と緑の花弁を交互にあらわしたものを３輪、赤一色のものを３輪描き、地文となる蔓唐草は緑と青であらわしている。花・蔓草ともに金彩で縁取りを施している。腰から裾にかけて、釉薬を留めるためか、櫛目がめぐっている。箱には、宗和と伝わる筆で、「もち御室かけ切り金入　御国へ遣可申上物也」とある。高台内に小判枠の小印を捺している。

24

色絵武蔵野図茶碗《いろえむさしのずちゃわん》

Overglazed tea bowl with ‘musashino’ design

重要美術品

根津美術館

高 8.7　口径 13.1　高台径 5.2

丸い椀形の器面一面に満月の下、芒が秋風にそよぐ、いわゆる武蔵野の図が描かれる茶碗である。月の半円や芒の部分を残して銀彩を施し、その上から透明釉を塗ったものと思われ、その精緻な技は驚嘆に価する。金属的に輝く銀ではなく、いぶし銀が夜空の様子をよく表現している。芒の葉は青と緑で、穂は赤で上絵付けがなされ、一部口縁を越えて見込みにも穂先や葉が続いている。片薄に削られた高台内に小印が捺されている。

25

色絵結熨斗文茶碗《いろえむすびのしもんちゃわん》

Overglazed tea bowl with auspicious knot design

根津美術館
高 8.2 口径 13.0 高台径 4.5

胴の中ほどで段をつけた椀形の茶碗である。高台を除く全面に施釉し、二方に赤と青で結熨斗文を描いている。結び目の青部分には黒い輪郭線を施し、金彩で鹿の子柄を描いている。青釉上の金彩の下地は赤漆と思われ、金は貼り付けたものであろう。金彩は剝がれた部分も多いが、取れた跡にも金が枠のように残っている。高台内には、削るヘラが踊った跡が放射状に出て、小印を捺している。

26

色絵牡丹文茶碗《いろえぼたんもんちゃわん》

Overglazed tea bowl with peonies design

MOA 美術館
高 8.1　口径 12.9　高台径 4.9

やや黄味がかった釉の地に、牡丹の花を包んだ丸文を二方に配した茶碗である。自然な椀形で、全体のロクロ目に加え、胴部に斜めの刻みがめぐっている。始めに赤や緑を施し、その上に金泥で輪郭を取る順序で、特に丸の輪郭は太くしっかりと施されている。牡丹の緑釉は均一でなく全体に濃淡があるため、牡丹花を立体的に見せる効果を上げている。片薄の高台内に小印が捺されている。

27

色絵花輪違文茶碗《いろえはなわちがいもんちゃわん》

Black glaze tea bowl
with 'shippo' pattern design

サントリー美術館
高 8.2 口径 12.8 高台径 4.8

椀形にロクロ挽きした後、高台脇を平らに削り、腰にも面取りを施した珍しい茶碗である。内外に白釉を施した上に、外側の口縁に銀帯をめぐらせ、胴に花輪違文を８つ、腰に蓮弁文を８つ描いて、その他の部分に黒釉を施している。花輪違文は赤４つの間に、青と緑を交互に配している。高台の削りは「色絵金銀菱文重茶碗」（No.20）に類似し、内部に小印が捺されている。

28

色絵金銀菱繋文茶碗《いろえきんぎんびしつなぎもんちゃわん》

Overglazed tea bowl with lozenge design in silver and gold

愛知県陶磁美術館
高 8.9 口径 12.5 高台径 4.6

胴を中ほどで締め、口はやや内側に抱え込んで、縁はゆるやかに山並みを作る宗和好みの形である。黒釉は鉄釉を本焼きにしたもので、青みがかった光彩を放っており、引き出した際の鋏跡が残っている。腰には藁と思われる付着跡がある。胴中央の白釉の帯に銀の菱文が８つめぐり、その間には菱形の金を上下に分けて施す。菱文は貼り付けと思われ、文様はやや無造作に配置されて剝がれが認められる。裾には仁清の茶碗に時折見られる削り跡が黒釉の上からもわかり、高台は片薄で小印を捺している。近衛家伝来と伝えられる。

29

色絵歌書巻文四方茶碗《いろえかしょかんもんよほうちゃわん》

Overglazed and squared tea bowl with design of poetry book and scrolls

MOA 美術館
高 8.1 口径 12.8 高台径 4.9

冊子や巻物を色絵で配した茶碗である。口縁は四方とし、くぼみはない。釉は全体に緑がかっており、一部色濃く表出している部分も見える。金・赤・青・緑・薄紫を駆使して華やかな上絵付けが施されている。特に紐は、金と赤、金と緑を交互に点描し繊細に表現されている。釉は高台に一部掛かり、大きく素地を見せている。高台は片薄で丁寧に削り出され、小印が捺されている。

30

色絵龍田川文四方茶碗《いろえたつたがわもんよほうちゃわん》

Overglazed tea bowl with design of floating autumn leaves

MOA 美術館
高 7.9　口径 12.3　高台径 4.9

口縁を丸みのある四方形とした茶碗で、一辺にくぼみを入れている。青の水流にカエデの葉が流れるいわゆる龍田川の文様が片面に描かれる。葉は金・赤・緑の３種で、赤と緑には金の縁取りが施されている。土見せの高台内は放射状にヘラが踊った跡が出て、小印が捺されている。

31

色絵輪宝羯磨文香炉《いろえりんぽうかつまもんこうろ》

Overglazed incense burner designed
with dharma cakra and double vajra

重要文化財
藤田美術館
高 12.3 口径 16.2 胴径 18.7 底径 10.6

広い口から胴が張り、裾にかけてすぼまる形の香炉である。口から裾にかけて施釉し、胴部に金彩で輪郭を取り、赤・青・水色で密教法具の輪宝と羯磨文を交互に６つあらわしている。箱の蓋裏に仁清が技術の上達を祈願し、満願の後、安養寺・御室仁和寺・槇尾山に献上したもののうち安養寺分であると記されている。裾から底にかけては土見せで、底に「奉寄進　播磨入道仁清作　明暦三年卯月」と刻銘がある。開窯から約 10 年後のこの年に御室窯における色絵の技法が完成していたことを示す貴重な資料である。

32

色絵輪宝羯磨文香炉《いろえりんぽうかつまもんこうろ》

Overglazed incense burner designed with dharma cakra and double vajra

サントリー美術館
高 13.2 口径 14.8 胴径 18.7 底径 10.5

No.31 の箱書にある、仁清が 3 箇所に寄進した香炉の 1 つと考えられている。形は他の 2 点に比べて裾部が細長い。輪宝と羯磨の文様は、他が交互に 6 つあらわしているのに比べ、本作品は 4 つで、胴に対して比較的大きく、色絵の技法は精緻である。また、口縁下部に蓮華唐草文様が認められる。裾際から底にかけては土見せとなっており、刻銘はなく枠のある小印が捺されている。

33

色絵法螺貝香炉《いろえほらがいこうろ》

Overglazed incense burner in the shape of a “giant triton”

重要文化財
静嘉堂文庫美術館
高 17.2 長 30.5 幅 17.7

古くから軍陣の合図などに使われてきた法螺貝を象った香炉で、仁清による彫塑作品の優品として声価が高い。波文を金・赤・緑・青・紫・黄の多彩な上絵で表現しており、華やかさに目がいくが、筋の痩肥の付け方や、ねじれ方など、彫塑的な要素は写実性に富んで完成度が高い。貝殻部分は三段に継いでおり、継ぎ目に窯割れが生じている。頂部には、波文を象った煙出しの穴が３つ開いている。皿状の台は灰を入れる楕円形の筒と一体となっており、縁を除いて露胎で、底中央に繭枠の小印が捺されている。英国・ヴィクトリア＆アルバート美術館には、本作よりやや小さく波文を銹絵であらわした同様の香炉がある。

34

色絵瓔珞文花生《いろえようらくもんはないけ》

Overglazed vase with auspicious Buddhist design

重要文化財

仁和寺

高 33.1 口径 26.4 底径 15.5

仁清が開窯した御室窯と関係の深い仁和寺に伝来した花生で、仁清から仁和寺に献上されたものと推測されている。古銅器の形のように、大きな開口と蕪形の胴、撥形に開いた高い脚部からなる。胴部中央には稜線がめぐり、左右には鬼面の耳を付けている。全体に施釉しているが、脚部の釉切れは、高低のある垂れ幕状に装飾的に仕上げている。胴部を中心に、金彩の縁取りに赤・青・水色を用いて蝶や卍をあしらった瓔珞文をあらわしている。高台内に大印が捺されている。

35

色絵熨斗香合《いろえのしこうごう》

Overglazed knotted incense container

MOA 美術館
高 1.5 長 17.1 幅 3.7

慶事の贈答品に添える熨斗を象った細長い長方形の香合である。折り目の部分を立体的に表現して、七宝・石畳文・花唐草・鹿の子などの文様を金彩・赤・青・緑で丁寧に描いている。身の内部は立ち上がりをつけたあと、中央を小判形にくぼませて青釉を施し、香を置く部分としている。くぼみ以外の内部は、身も蓋も丁寧に白釉を施している。底は平らな土見せで、中央に小印を捺す。拭った釉が印の溝に入り込んでいる。

36

色絵柳橋図水指《いろえりゅうきょうずみずさし》

Overglazed water jar with design of willow by a bridge

湯木美術館
高 14.5 胴径 17.2 底径 11.6

No.71と同種の棗形の水指である。周囲に描かれる柳橋図は、中世の大和絵に始まり、桃山時代には、時代好尚により豪壮華麗な大画面構成で表現された。裾近くまで施釉した後、赤・銀・金で橋を描き、緑と黒で柳樹を添えている。胴の上部には、銀で源氏雲をめぐらし、下部では橋の間に金雲と銀の波濤文が描かれている。口の周りには12の蓮弁文をあらわし、その周囲には黒釉を施している。ロクロ目を残す内部は、兎斑状を呈し、一部には白釉もなだれている。土見せの底は浅く削り込まれ、大印が捺される。箱蓋裏に、池田藩家老で茶人の伊木三猿斎（1818－86）が、この水指は丸亀京極家に伝来したものであると書き付けている。

37

柳橋図屏風《りゅうきょうずびょうぶ》

Folding screens, willow and bridge

桃山時代 17 世紀初期
MOA 美術館
紙本金地著色 6 曲 1 双 各 縦 154.9 横 325.0

大橋に柳樹・水車・蛇籠を描く風景図は中世の大和絵に始まるが、これを 6 曲 1 双の金碧画とする大画面構成は、桃山時代の豪壮華麗な時代好尚により生まれたものであろう。胡粉を盛り上げた上に金箔を貼った水車・蛇籠や、金属板に銀泥を施した月など、工芸的手法が随所に見られる。

38

色絵おしどり香合《いろえおしどりこうごう》

Overglazed incense container
in Mandarin duck shape

藤田美術館
高 4.7　長 6.0　幅 2.8

仁清には鳥を象った可愛らしい香合が多く見られる。本作品は極小のおしどり香合で、かつては茶箱に収められていた。嘴や頭頂部、羽、尾、脚などは釉下に銹絵を施し、精緻に赤・青・緑・黒・金の上絵付けをする。後頭部の彫り込みや細かく筋を入れた尾羽根がずれて重なる様子など、優れた彫塑の技を見せている。底は土見せで印はない。近衛家への献上品と伝えられる。

39

色絵おしどり香合《いろえおしどりこうごう》

Overglazed incense container in Mandarin duck shape

大和文華館
高 5.1 長 6.5 幅 3.2

嘴や羽の文様は銹絵であり、赤・青・緑・黒・金彩の上絵付けで精緻に描いている。内部は身、蓋ともに緑釉が施されている。頭部は体に比べて大きく、内部は空洞となっている。共通の特徴を持つ「仁清」印のある銹絵の鳥香合を英国・メードストン博物館が所蔵する。底は土見せで印はない。近衛家への献上品と伝えられ、近衛家凞（1667–1736）の『槐記』には、享保 17 年（1732）の口切茶会に、仁清のおしどり香合が使用されたと記されている。

40

色絵ぶりぶり香合《いろえぶりぶりこうごう》

Overglazed incense container

根津美術館
高 3.7 長 12.8 幅 4.2

ぶりぶりとは振振毬杖の略で、鞠を打つ玩具であるが、正月には魔除けのために室内に飾られた。この香合は、その槌の部分を六面体として象っており、本来杖を刺し入れる穴は金縁の赤で木瓜形にして少しくぼませている。全体に施釉し、松竹・鶴亀の他、下方には花菱亀甲文様、端の六角形には宝珠といった吉祥文様を描いている。身の内部には、鮮やかな緑釉が施され、底には小さな足が 2 つ付いている。蓋裏と底の中ほどは土見せであるが、底は釉薬を拭った跡が認められ、小印が捺されている。

41

色絵羽子板香合《いろえはごいたこうごう》

Overglazed racket-shaped incense container

野村美術館
高 2.2　長 13.2　幅 4.2

金・赤・緑・青の色を用いて極めて精緻に上絵付けがなされている。上下に雲形の枠を取り、上部は花亀甲を、下部は縦縞を描き、中央には竹を三本立てて藁縄を巻いた左義長を描いている。身・蓋ともに内部には鮮やかな緑がかった青釉が施されている。底は土見せだが、ところどころに釉が残り、繭形枠の小印が捺されている。箱には、あき御前から玄通院が拝領したとある。

42

色絵玄猪包香合《いろえげんちょづつみこうごう》

Overglazed incense container in the shape of 'Gencho zutsumi'

個人蔵
高 2.3　長 10.8　幅 10.3

無病息災・子孫繁栄を祈念して旧暦亥の月・亥の日・亥の刻に餅をいただく宮中行事に因んだ玄猪包を象っている。何点か知られる同種の香合の１つである。紙を畳んだ形や銀杏、水引を立体的に作り、銀杏を緑で、水引を赤・青・黄で塗る。身の内部には緑釉が施され、底には小印が捺されている。

43

色絵うんすんカルタ香合《いろえうんすんかるたこうごう》

Overglazed incense container in the shape of playing cards

個人蔵
高 1.5　長 6.4　幅 4.3

ポルトガルから伝わったカルタをもとに日本国内で考案されたカルタの一種、うんすんカルタを象った香合である。蓋の上面にのみ色絵でうんすんカルタの札を描いている。周囲は金泥の線で枠を取り、金・赤・緑・青の斜線を交互にあらわしている。中央の文様は、金彩の縁取りに赤・濃淡の緑・青・薄紫で極めて精緻な絵付けを施している。蓋、身共に内部は薄緑の釉を掛けている。底は土見せとし、小印を捺すが、印の中に拭った釉が残る。同様の作品を大英博物館が所蔵している。

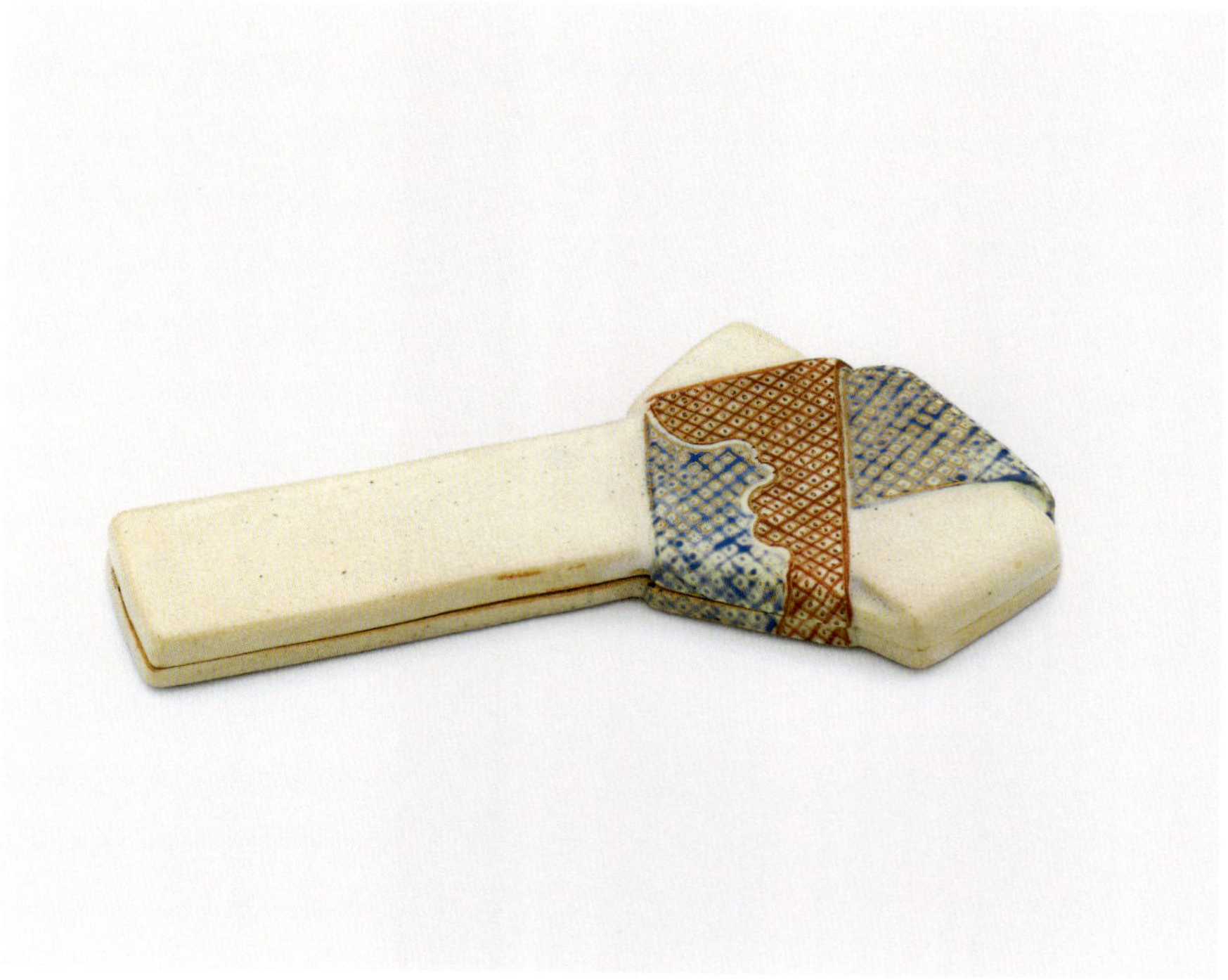

44

色絵結文香合《いろえむすびぶみこうごう》

Overglazed incense container in the shape of a knot

湯木美術館
高 1.5 長 17.3 幅 8.8

結文を象った香合で、結び目の部分にのみ色絵で鹿の子文をあらわしている。赤は菱形に、青は正方形に格子を描き、格子の内部に点を入れた後、金彩で四角と点を重ねている。内部は結び目部分に香を置く部分があり、蓋・身ともに緑釉を塗った後に金彩で籠目文を施すが、身の金彩はほとんど残っておらず、截金の技法で接着した可能性がある。底は土見せで、撫でた跡に一部透明釉が掛かり、火色が斑点状に出ている。印はない。池田家伝来。

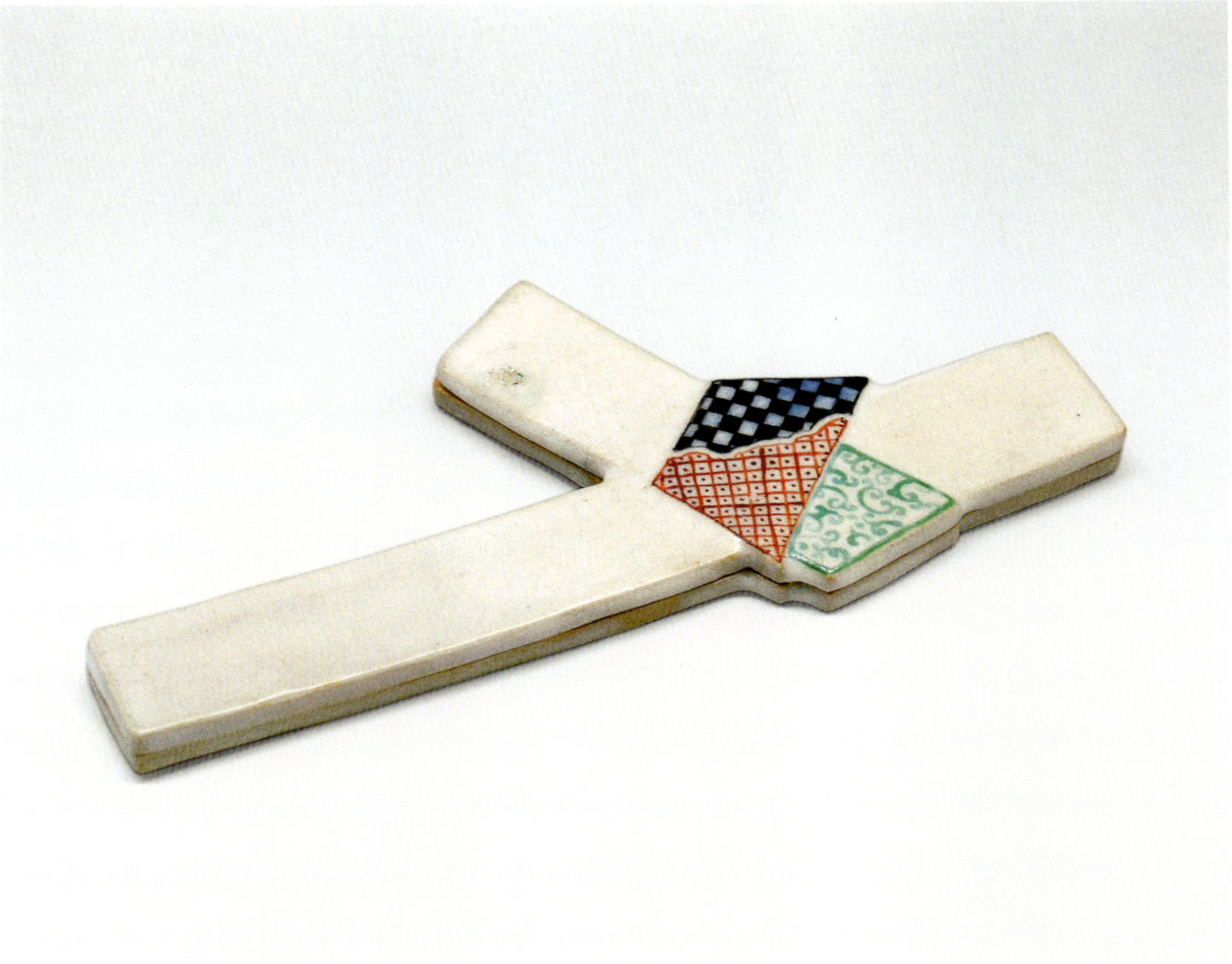

45

色絵結文香合《いろえむすびぶみこうごう》

Overglazed incense container in the shape of a knot

滴翠美術館
高 1.7　長 17.6　幅 8.5

結び目の部分にのみ市松文・鹿の子文・唐草文をあらわすが、市松文様は鉄分を含む染付で釉下に描いており興味深い。蓋を裏返すと白化粧が塗られたままになっている。身は香を置く部分に立ち上がりをつけ、その内部を削り込んで施釉している。土見せの底には、釉薬を拭ったような跡があり、印はない。

46

色絵結文香合《いろえむすびぶみこうごう》

Overglazed incense container in the shape of a knot

根津美術館
高 2.1 幅 8.4 奥行 6.1

結文を象った香合の１つで、唐草文と鱗文を描いている。唐草文は、青と緑を用い、金彩の縁取りを施している。鱗文は赤と緑であらわした上に、金彩でさらに鱗文を重ねるが、赤に重ねた金彩が比較的残っているのに対し、緑の上はあまり原形を留めていない。内部は身、蓋ともに緑釉を施した後、金彩で籠目文を施している。西田宏子氏の調査により、金彩の籠目文の下に朱色の下地が確認されており、この金は焼成されず、截金などの技法によって貼り付けたものであると思われる。底は土見せで、小印を捺している。

47

色絵結文香合《いろえむすびぶみこうごう》

Overglazed incense container in the shape of a knot

MOA 美術館
高 1.9 幅 8.2 奥行 6.1

No.46と同形の結文香合で、赤・緑・青の鹿の子文を施している。色絵の手法は、湯木美術館の「色絵結文香合」（No.44）と同様で、赤・青・緑で格子と点を描いた後、金彩で四角と点を重ねている。内部は、身・蓋ともに赤を塗り、金彩で籠目文を施している。この籠目文は何らかの接着剤で線を引いた後、金箔を貼って余分な部分を取り除いたことが、今回の科学分析調査で判明した。土見せの底に小印を捺している。

48

色絵鶴香合《いろえつるこうごう》

Overglazed incense container
in the shape of a crane

サントリー美術館
高 9.2 長 7.9 幅 3.6

丹頂鶴が首を上方に伸ばした姿を象った香合である。鼻孔や嘴、羽の先端には線刻が認められ、精緻な造形を示す。嘴・首・羽・尾は釉下彩の銹絵で描き、頭頂部は赤と金の斑点、羽には青色を施してその輪郭を金彩であらわしている。内部は身に濃い緑釉があり、底は土見せで、左方に小印が捺されている。

49

色絵ひよどり香合《いろえひよどりこうごう》

Overglazed incense container in the shape of a bulbul

滴翠美術館
高 8.4　長 15.5　幅 5.0

ひよどりを象った香合で、比較的大きく、実際の使用よりも棚などに飾って楽しむことを主眼に制作されたのかもしれない。少し首を傾げた姿や目に入れた丸いくぼみ、羽に施された刻筋など、丁寧な造形で、内部には削り込みの跡を見せている。銹絵で目・鼻孔・嘴・羽・尾などを描いた後、透明釉を掛け、上絵として嘴に赤を施している。鉄絵は焼成の加減により黒・茶・紺など様々に発色し、写実的な趣を見せている。身の内部中央は施釉され、土見せの底に枠のある小印が捺されている。『本多氏古文書等』にこの作品が記載され、明治期まで本多家に伝来した。

第三章

絵画・工芸意匠と仁清—京極家の茶壺を中心に—

Designs in paintings and kogei craftworks seen through Ninsei's eyes:
Tea leaf jars of the Kyogoku clan

ここでは京極家旧蔵の色絵の茶壺、水指、釘隠などを紹介します。これらは、京極家の道具帳によって、延宝元年（一六七三）頃と制作年代が推測できる貴重な作品群で、十七世紀後半の仁清の色絵技術や制作技法を示しています。また、茶壺の図柄と共通する屏風絵や絵画・小袖・漆工品も紹介し、仁清がその意匠を立体に表現するために工夫した点や同時代またはそれ以前の作品から受けた影響などを考えます。

50

色絵藤花文茶壺《いろえふじはなもんちゃつぼ》

Tea leaf jar with design of wisteria

国宝
MOA 美術館
高 28.8　口径 10.1　胴径 27.3　底径 10.5

均等に薄く挽き上げられた真壺が端正な姿を見せ、仁清の色絵茶壺の中でも最高傑作といわれている。口から胴裾まで白濁釉が掛けられるが、釉際のやや上まではさらに白く、下地に白泥が塗り詰められている。上方で螺旋状に絡まった赤い蔓から放射状に藤の花が垂れ下がるため、どこから見ても構図に破綻がない。花穂は、金の縁取りの赤、赤い縁取りの銀、赤い縁取りの紫の３種で表現され、緑の葉には１枚１枚葉脈を施している。銀の花穂のいくつかは周囲を茶色く滲ませている。胴裾から底にかけては土見せで、平らな底の裏に小判枠の大印が捺されている。

51

長谷川宗圜筆《はせがわそうえんひつ》　藤花図屏風《ふじはなずびょうぶ》

Folding screens, Wisteria, by Hasegawa Soen

江戸時代初期 17 世紀
盛安寺
紙本金地著色 6 曲 1 隻 縦 160.5 横 358.0

明るい金地に、群青と緑青で池苑と菖蒲が描かれ、竹で組まれた藤棚から藤の花が垂れ下がっている。「津野田六左衛門方為子息弥五左衛門盛安寺寄付之　寛永六己巳仲春十五日」とあり、寛永６年（1629）に寄進されたものとわかる。宗圜（生没年不詳）は長谷川等伯（1539–1610）の高弟で、慶長・元和（1596–1624）頃を活躍期とする。

52

本阿弥光甫筆《ほんあみこうほひつ》　藤牡丹楓図《ふじぼたんかえでず》

Wisteria, peonies and maple,
by Hon'ami Koho

江戸時代 17 世紀
東京国立博物館
絹本著色 3 幅対 各 縦 109.0 横 37.8

春の藤、夏の牡丹、秋の楓と季節感を感じさせる組み合わせの三幅対である。縦長の画面を生かした構図で、特に藤の房が顕著である。幹に施された緑青のたらしこみ、花や葉の繊細な色感が画技の高さを示している。光甫（1602 – 82）は本阿弥光悦の養子・光瑳の子で、空中斎と号した。

54

藤花猿蒔絵提箪笥《ふじはなさるまきえさげだんす》

Maki-e lacquered portable cabinet with design of wisteria and macaques

桃山－江戸時代 17 世紀初期
根津美術館
高 26.9 縦 46.0 横 24.2

上部に提鐶を付けた提箪笥で、片開きの扉が付き、三段の引き出しが収められている。総体に黒漆塗りで、藤とその蔓に摑まる猿が蒔絵であらわされている。藤蔓と猿は金の平蒔絵で、藤の葉は金の平蒔絵と絵梨子地を用い、藤の花は銀の平蒔絵であらわしている。意匠や技法には桃山時代の大らかさが残り、高台寺蒔絵を継承した江戸時代初期の作と考えられる。

53

本阿弥光悦筆《ほんあみこうえつひつ》　花卉摺絵新古今集和歌巻《かきすりえしんこきんしゅうわかかん》

Calligraphy of poems from the 'Shin-Kokin Wakashu' by Hon'ami Koetsu on printed patterned paper

桃山－江戸時代 17 世紀初期
MOA 美術館
紙本木版金銀泥摺絵墨書 縦 34.1 全長 907.0

金銀泥を用いて槍梅、藤、竹、芍薬、蔦の下絵を摺り、『新古今集』巻第十二・十三の連続する恋歌 21 首が書写されている。書風は筆線の濃淡や太細の変化が著しく装飾的である。紙背には松葉の文様が散らされ、紙継ぎに「紙師宗二」の印がある。

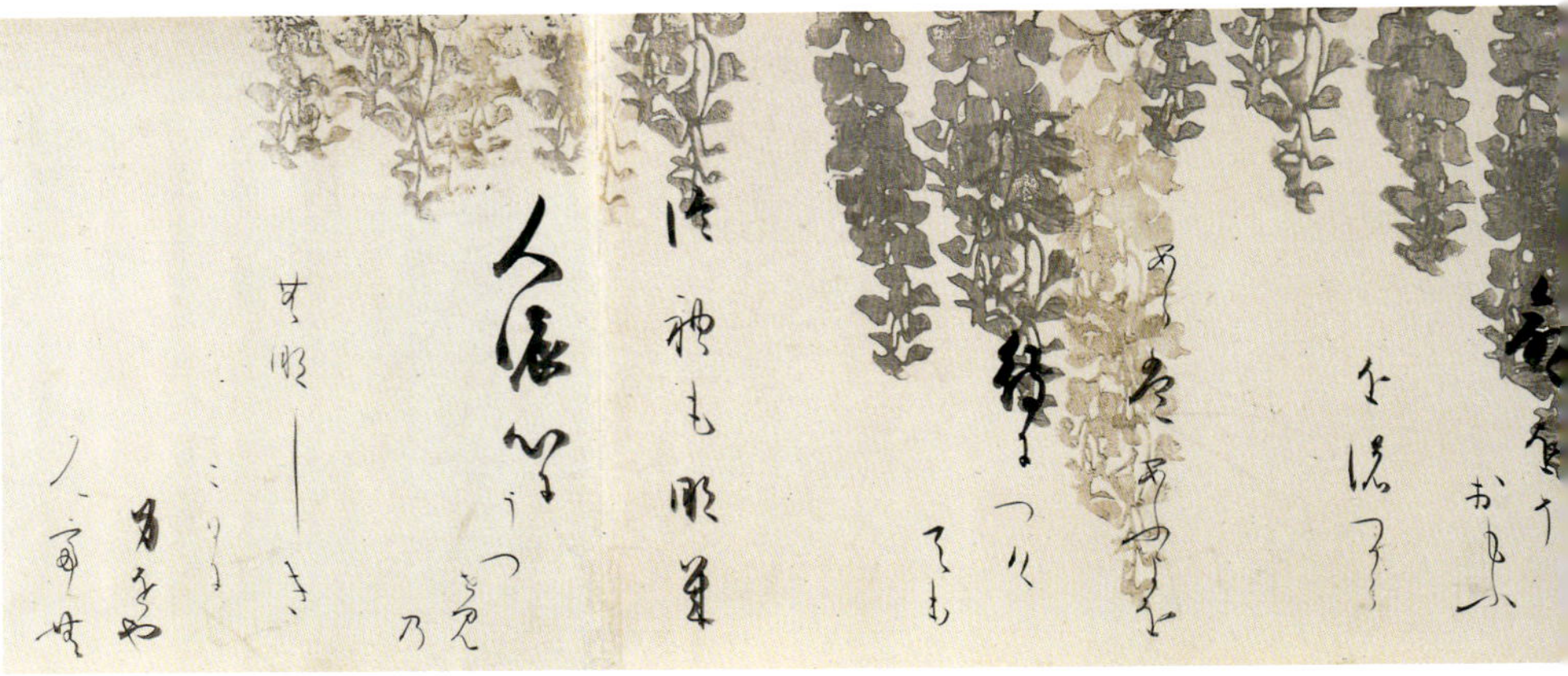

55

犬を連れた禿図《いぬをつれたかむろず》

A girl walking a dog

江戸時代 17世紀
千葉市美術館
紙本著色 縦51.7 横32.9

高級遊郭で養われた禿と思われる少女が犬を連れた図である。禿が纏う薙刀袖は、松皮菱形で二色に染め分け、赤地には藤花と扇・瑞雲を、水色地には鹿の子絞りの中に桜花・亀甲文を散らしている。名古屋帯を結ぶ姿から寛永年間（1624–1644）以前の作と思われ、この時代の藤花の意匠表現の一端を見ることができる。

56

草花蒔絵螺鈿角徳利《そうかまきえらでんかくどっくり》

Square sake bottle in maki-e and mother-of-pearl inlay

桃山時代 16世紀
MOA美術館
高 31.5 幅 11.8 奥行 12.0

近世初頭にヨーロッパに向けて制作された異国趣味豊かな輸出漆器の一つである。菊座付の銅製注口を設けた撫角の徳利で、意匠は各面に藤・楓・橘を描く。側面の稜線には、この種の漆器独特の南蛮唐草をめぐらしている。総体に黒漆塗りとし、金の平蒔絵に螺鈿を交える。平蒔絵には針描を多用し、螺鈿は不整形の貝片が貼られている。

57

藤棚青海波模様小袖《ふじだなせいがいはもようこそで》

Kosode with wave pattern and wisteria design

江戸時代 17 世紀
松坂屋コレクション
紅 縮緬地　身丈 134.0 裄 56.5

藤棚から垂れ下がる藤を右肩から裾にかけて大きく表現した寛文様式の小袖である。鹿の子の総絞りを基本に、一部藤花を紫の糸で、葉を萌葱の糸で刺繡している。腰から裾にかけて左半分に余白を取る構成は江戸前期の特徴を示す。右側の余白を麻の葉文様と青海波で埋め、藤と組み合わせる意匠が興味深い。

58

藤棚模様小袖《ふじだなもようこそで》

Kosode with design of wisteria on pergola

江戸時代 18 世紀
国立歴史民俗博物館
白綸子地 身丈 143.0 裄 61.5

萩と桔梗の文様が織り込まれた白綸子地に、紅・紫・緑・金の糸で藤棚から垂れる藤花・蔓・葉が刺繍されている。実際の藤の色とは別に様々な色彩で意匠として藤を表現している。

59

色絵月梅図茶壺《いろえげつばいずちゃつぼ》

Overglazed tea leaf jar with Moon and plum tree

重要文化財
東京国立博物館
高 29.5 口径 10.6 胴径 27.1 底径 11.5

豊かな膨らみと裾に向けてすぼまる形が美しい。ややロクロ目は強く、全体に白濁釉が掛けられているが、素地の焼け具合によって赤みのある面がある。胴の下部に配された源氏雲の一塊から、上部に太い幹があらわれ、右上方に伸びて、枝先に銀彩による月が肩部で２つの耳の間に配されている。反対の面には口をめぐる金雲に一部隠された細い枝が左右に伸びている。完成当初の銀が現在のように酸化せず白く輝いていたとすれば、一木に紅梅と白梅を配す装飾的な効果を狙ったものと思われる。京極家の道具帳に記載はないが、京極家の家老・多賀越中が藩主から拝領したとの伝聞がある。平底の左側に大印が捺されている。

60

紅白梅図屏風《こうはくばいずびょうぶ》

Folding screens, Red and white plum blossoms

江戸時代 17 世紀
高林寺
紙本金地著色 6 曲 1 双 各 縦 151.0 横 357.0

各隻に梅樹が 1 本ずつ勢いよく縦横に枝を広げ、正面を向いて開いた紅白の梅花が描かれている。両隻が合わさる画面中央には、大きな月が銀泥で描かれており、「色絵月梅図茶壺」（No.59）との関連性が指摘される屏風である。
画面下の渓畔には、キジの親子とハッカンのつがいが描かれ、桃山障壁画の力強さを残した花鳥画で、狩野派の一絵師の作と推定されている。

61

狩野探幽筆《かのうたんゆうひつ》　梅月図《ばいげつず》

Moon and plum by Kano Tan'yu

江戸時代 17 世紀
MOA 美術館
紙本墨画淡彩 縦 43.0 横 87.1
「探幽斎筆」「白蓮子」白文山形印、「探幽」朱文方印

貞享元年（1684）刊『雍州府志』に「仁和寺門前に仁清の製造する所、これを御室焼と称す、始め狩野探幽並に永真等をその土上に画か令む」とある。当代一流の絵師として名が挙がったものであろう。本作はその探幽の筆によって、満開の花をつける梅樹が伸び、月に掛かる画題を横長の画面に上手くまとめられている。

62

梅月蒔絵文台《ばいげつまきえぶんだい》

Maki-e lacquered writing table with design of plum tree and moon

重要文化財
室町時代 16 世紀
太宰府天満宮
高 10.0 幅 58.1 奥行 34.3

文台は和歌や連歌の席で懐紙などを置く台のことで、歌会道具の中心的な役割を持つ。甲板には金銀の平蒔絵に、絵梨子地・針描を交え、岸辺から幹を伸ばす梅樹と月を蒔絵で描いている。写実的な梅樹の表現と大きく意匠としてあらわした梅花の組み合わせに「色絵月梅図茶壺」（No.59）との共通性を見出せる。裏面には享禄元年（1528）から天文 13 年（1544）にかけて太宰府天満宮の留守職をつとめた小鳥居信元の名前と花押が蒔絵で記されている。

63

梅樹模様小袖《ばいじゅもようこそで》

Kosode with design of plum tree

江戸時代 18 世紀
国立歴史民俗博物館
紫綸子地 身丈 145.0 裄 63.0

紫を地色とする鹿の子絞りで肩から裾にかけて竹と雪輪、梅花をあらわし、色糸で梅の幹や花を刺繍している。「色絵月梅図茶壺」(No.59)は赤い梅花と銀の梅花とで蕊の表現に違いが見られるが、この小袖の梅花も、異なる技法・意匠によってさらに多彩に表現されている。

64

梅樹文字模様小袖《ばいじゅもじもようこそで》

Kosode with design of plum tree with lettering

江戸時代 18 世紀
国立歴史民俗博物館
白綸子地 身丈 155.0 裄 62.0

白綸子地に梅樹と文字を組み合わせた小袖である。梅樹は紅の型鹿の子を中心に、花の一部に藍や黄の型鹿の子を交え、紅や萌葱の糸、金糸による刺繍を加えている。文字は『和漢朗詠集』からとっており、背面に「梅」「花」「雪」「帯」「飛」、前面には「琴」「柳」「色」「和」「秋」を紅と金の糸であらわしている。

65

色絵吉野山図茶壺《いろえよしのやまずちゃつぼ》

Overglazed tea leaf jar with design of Mt. Yoshino

重要文化財

静嘉堂文庫美術館

高 28.6 口径 10.5 胴径 27.1 底径 11.9

京極家伝来の茶壺の中でも横に豊かな膨らみを見せる造形である。口縁から裾にかけて兎斑釉を掛け、緑で山並みをあらわした上に桜花を描く意匠はNo.66と共通するが、本作品では、空に当たる部分にいわゆる仁清黒をめぐらしている。これにより、肩周りの金彩による源氏雲が際立ち、蒔絵の雰囲気を感じさせる作品である。桜花は、金で縁取った赤と赤で縁取った銀との2種で、わずかに青も点じている。No.66では、緑の山に点彩が施されているのに対し、この作品では黒釉で小さく幹を描いている。腰から下の露胎は赤みをおび、平らな底に大印が押されるが、中央に捺しているのが珍しい。

66

色絵吉野山図茶壺《いろえよしのやまずちゃつぼ》

Overglazed tea leaf jar with design of Mt. Yoshino

重要文化財
福岡市美術館
高 35.3 口径 12.0 胴径 32.6 底径 12.6

京極家に伝来した色絵茶壺の中でも大ぶりでやや胴が長い。強いロクロ目や白玉を噛んだやや粗い素地、全体に掛けられた釉のむらなど、やや粗野な印象である。底のやや上部、釉際の部分には、数本のヘラ目がめぐっている。吉野山の表現方法は両面にかなりの相違があり、1つは金と赤の点描を施した緑の山に縁取りをした桜花をびっしりと描くもので、反対の面は点描のない金・赤・青・緑の山並みの上に縁取りのない金・銀の桜花をあらわしている。岡佳子氏は上記の点から、当初の題材は、桜（吉野山）と紅葉（龍田山）が両面に見える意匠ではなかったかと推測している。底に仁清とあるが、印ではなく筋のあるヘラで刻まれている。

67

渡辺始興筆《わたなべしこうひつ》　吉野山図屏風《よしのやまずびょうぶ》

Folding screens, Mt. Yoshino, by Watanabe Shiko

江戸時代 18 世紀
個人蔵
紙本金地著色 6 曲 1 双 各 縦 150.0 横 362.0
落款　渡邊始興
「始興之印」白文方印 「景靄」朱文方印

前列に三つの山を配し、その間に少しずつ山の緑色を変化させながら、後方に山が連なっている。金砂子の霞が山裾に漂い、山間に満開の桜樹が描かれている。本屏風は、その画面構成と意匠的な表現から「色絵吉野山図茶壺」との関連性が指摘されている。

68

色絵山寺図茶壺《いろえやまでらずちゃつぼ》

Overglazed tea leaf jar with design of temple in mountains

重要文化財

根津美術館

高 21.7 口径 9.4 胴径 18.1 底径 10.3

京極家伝来の茶壺の中でも最も小さく、形は No.69と同様肩衝茶入形で、耳が３つであるのも珍しい。口縁から裾にかけて施釉されるが、下地として刷毛か筆を用いて白泥を丁寧に塗っているのがわかる。黒・赤・青・金を用いて手前に屋敷を、遠景には塔のある寺院を描き、金銀・赤を用いて、山や霞を表現している。仁清の色絵茶壺の中でも最も絵画性に富んでいる。土見せの底は平らで、枠のある大印を捺している。

69

色絵若松椿図茶壺《いろえわかまつつばきずちゃつぼ》
Overglazed tea leaf jar with design of young pine and camellia

重要文化財
国〈文化庁保管〉
高 26.1 口径 9.6 胴径 20.1 底径 10.3

肩衝茶入を大型にして４個の耳を付けた独創的な形状の壺である。高く低く配置した若松の枝と金泥の遠山を描き、金の縁取りに赤の椿を２種描いている。若松は枝を金で、葉を緑で、先端の３つの新芽を銀彩であらわす。全体に掛けられた漆黒の釉は、よく見ると紫がかった色調である。耳の一部の黒釉がかけて下地の白が見えることから、全体に白濁釉を施した上に黒釉を掛けたことがわかる。土見せ部分には縦のヘラ目が走り、平らな底に小判形の大印が捺されている。印の内部には金彩の痕跡がある。

70

色絵龍図茶壺《いろえりゅうずちゃつぼ》

Overglazed tea leaf jar with design of dragon

個人蔵

高 26.6 口径 9.8 胴径 23.6 底径 10.3

「色絵藤花文茶壺」（No.50）に近い形であるが、一回り小ぶりの壺である。口縁から裾に釉が掛かり、素地が赤く焼き上がった部分が透けた様子は「色絵月梅図茶壺」（No.59）に共通する。胴部には、龍が一周するように赤・緑・青・黄・金銀彩を用いて鮮やかに描かれており、白い地釉とよく対照を見せている。裾に斜めの削りが見え、土見せの平底に枠のある大印が捺されている。京極家の道具帳への記載はないが、「京極刑部少輔殿慰為御焼候　錦手茶壺二ツ之内」「京極備中守」との箱書により、京極家からの注文によって制作されたことがわかる。

71

色絵牡丹図水指《いろえぼたんずみずさし》

Overglazed water jar with design of peonies

重要文化財
東京国立博物館
高 13.5 胴径 16.0 底径 9.9

京極家の道具帳『萬御数寄道具御印帳』（1695）に記載される「赤絵牡丹水指」に相当する水指である。このような棗形の色絵水指は、No.36など数点知られている。白い地に赤で四方に窓を取り、金銀・赤による牡丹と金雲、緑の葉を全て異なる図柄であらわしている。窓の周囲は花菱地文を赤・銀・緑であらわすが、銀が緑の線や肩の稜線にめぐらせた金を侵食し、一部黒ずんでいる。口の周りには、赤地に銀彩で波濤文様をめぐらせている。裾の上１センチくらいから碁笥底の底にかけて土見せになっており、大印が捺されている。

72

色絵釘隠《いろえくぎかくし》

Overglazed nail head cover

重要文化財
京都国立博物館
扇 縦 6.6 – 8.3 横 15.5 – 16.4 厚 0.9 – 1.3　菊 縦 6.4 – 6.7 横 11.2 – 11.6 厚 1.1

印はないが、京極家の道具帳に記載されており、同家に伝来したことがわかる 2 種の釘隠である。2 枚の扇を重ねた形を象ったものは、『萬御数寄道具御印帳』（1695）に「一、赤絵御室二枚扇の釘隠シ　三拾　内壱損」と記されるうちの 17 個で、菊枝を象ったものは『御印御数寄道具帳』（1734）に「一、同菊折敷釘隠　四」と記載される 4 個に相当する。扇形の 17 個は全て異なる意匠で、裏面には接着のための漆と思われる跡があり、実際に建物内で使用されたことを示している。菊は全て同じ意匠で、実際に使用された痕跡はない。2 種とも裏面には幾筋もの溝が削られている。

色絵金銀菱文重茶碗と色絵藤花文茶壺の科学分析

MOA美術館では、平成二十八年（二〇一六）四月から同三十一年（二〇一九）三月にかけて、重要文化財「色絵金銀菱文重茶碗」並びに国宝「色絵藤花文茶壺」の科学分析調査を実施しました。調査結果の詳細は140頁からの論考で報告しています。ここでは、より理解を深めていただくために、当該論考において使用している画像をカラーで掲載しています。

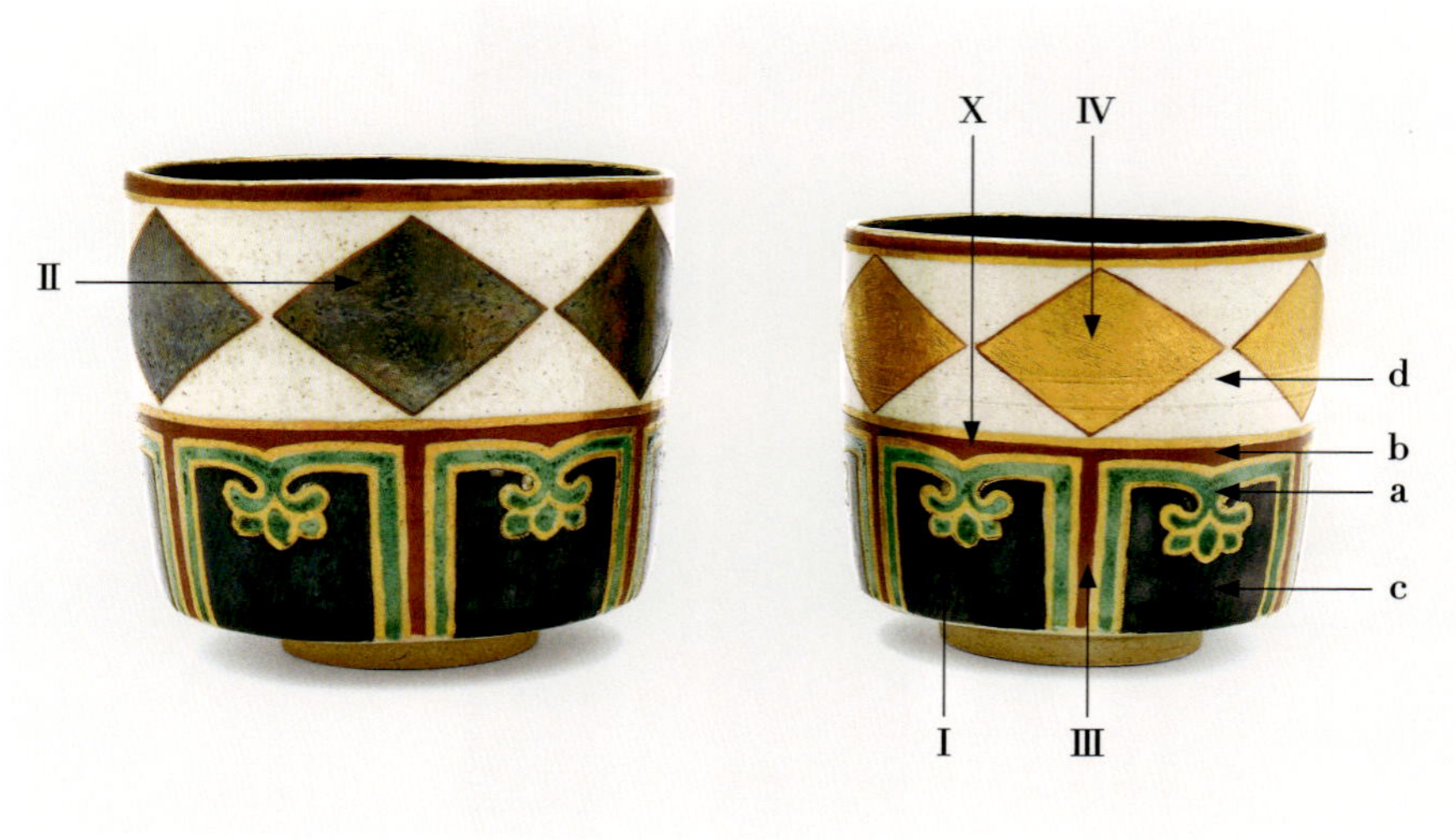

図1）
色絵金銀菱文重茶碗と測定箇所 a–d：蛍光 X 線測定箇所（図 3）、
Ⅰ – Ⅳ：デジタルマイクロスコープ撮影箇所（図 7–9、図 13）、
X：顕微ラマン分光分析測定箇所（図 5）

図 2）
色絵藤花文茶壺と測定箇所 e–i：蛍光 X 線測定箇所（図 4）、
IV – VI：デジタルマイクロスコープ撮影箇所（図 10）

色絵金銀菱文重茶碗の黒釉

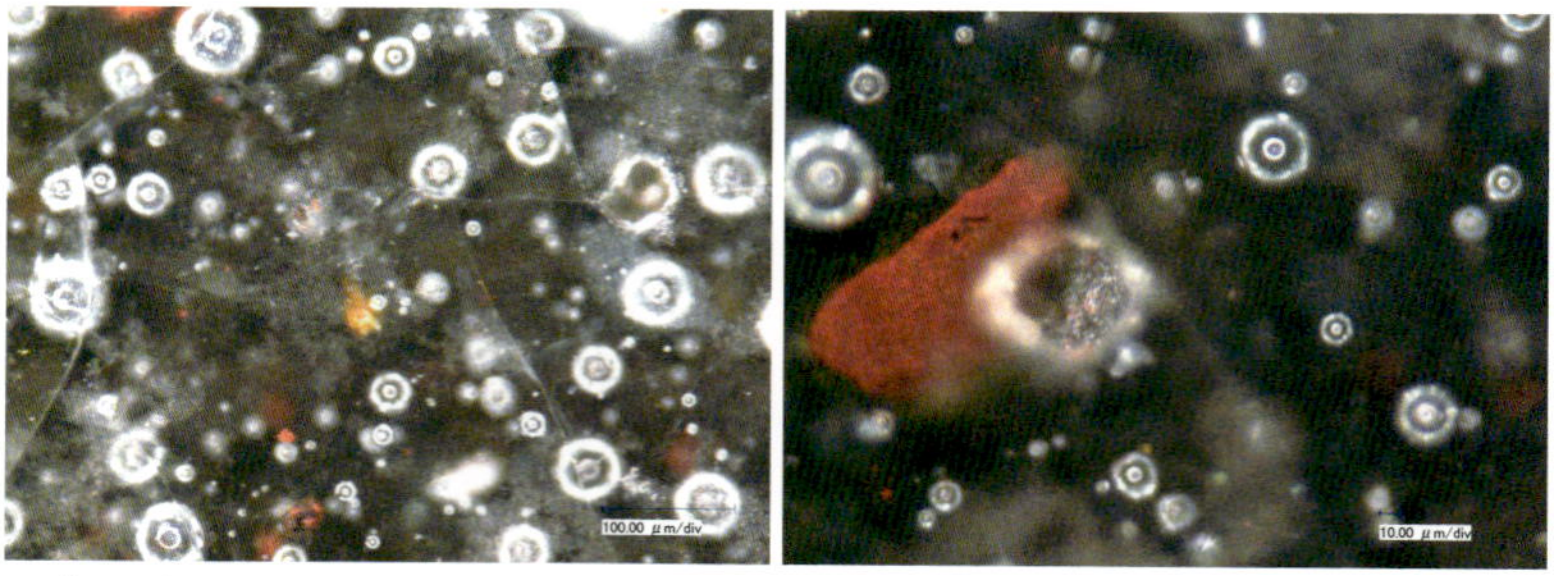

図 7） 黒色部分に見える赤色粒子の顕微鏡写真（図1のⅠ / 左：500 倍、右：1000 倍）

金銀彩、色絵を施す順序

図 8） 色絵金銀菱文重茶碗の銀菱（緑部分）の顕微鏡写真（図1のⅡ / 左 100 倍　右 200 倍）

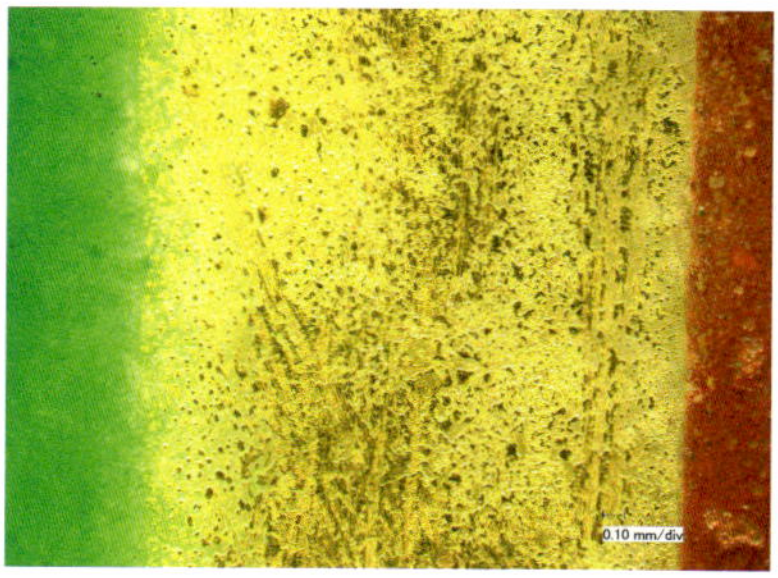

図 9） 緑、金、赤の施し方を観察した顕微鏡写真（図1のⅢ /100 倍）

色絵金銀菱文重茶碗の金菱

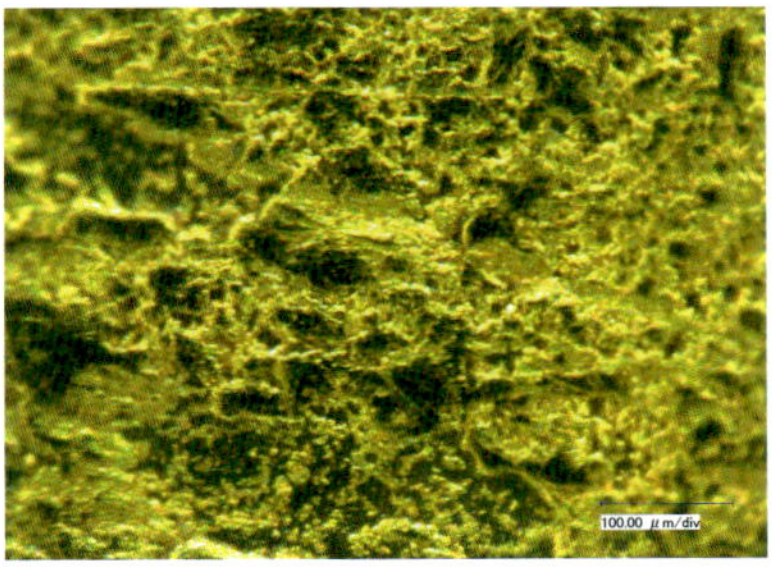

図 12）
500 倍に拡大した金菱の顕微鏡写真（図1のⅣ）

色絵藤花茶壺の藤花

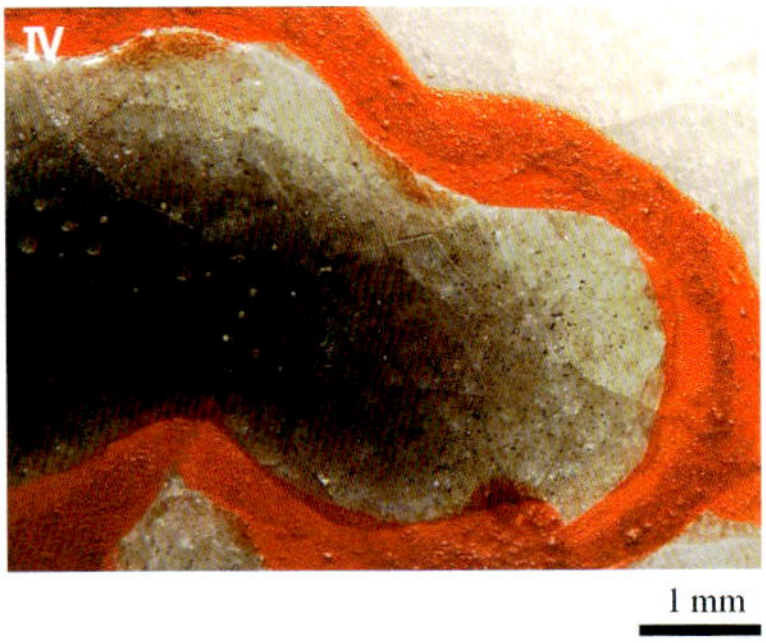

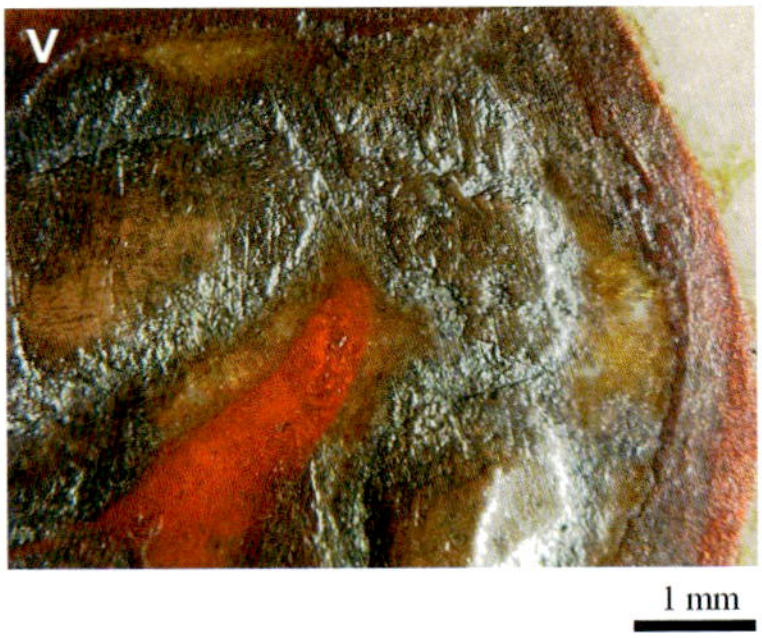

図 10）　色絵藤花文茶壺の 3 種類の藤の顕微鏡写真、
図 2 の（Ⅳ）紫色、（Ⅴ）銀色、（Ⅵ）赤色

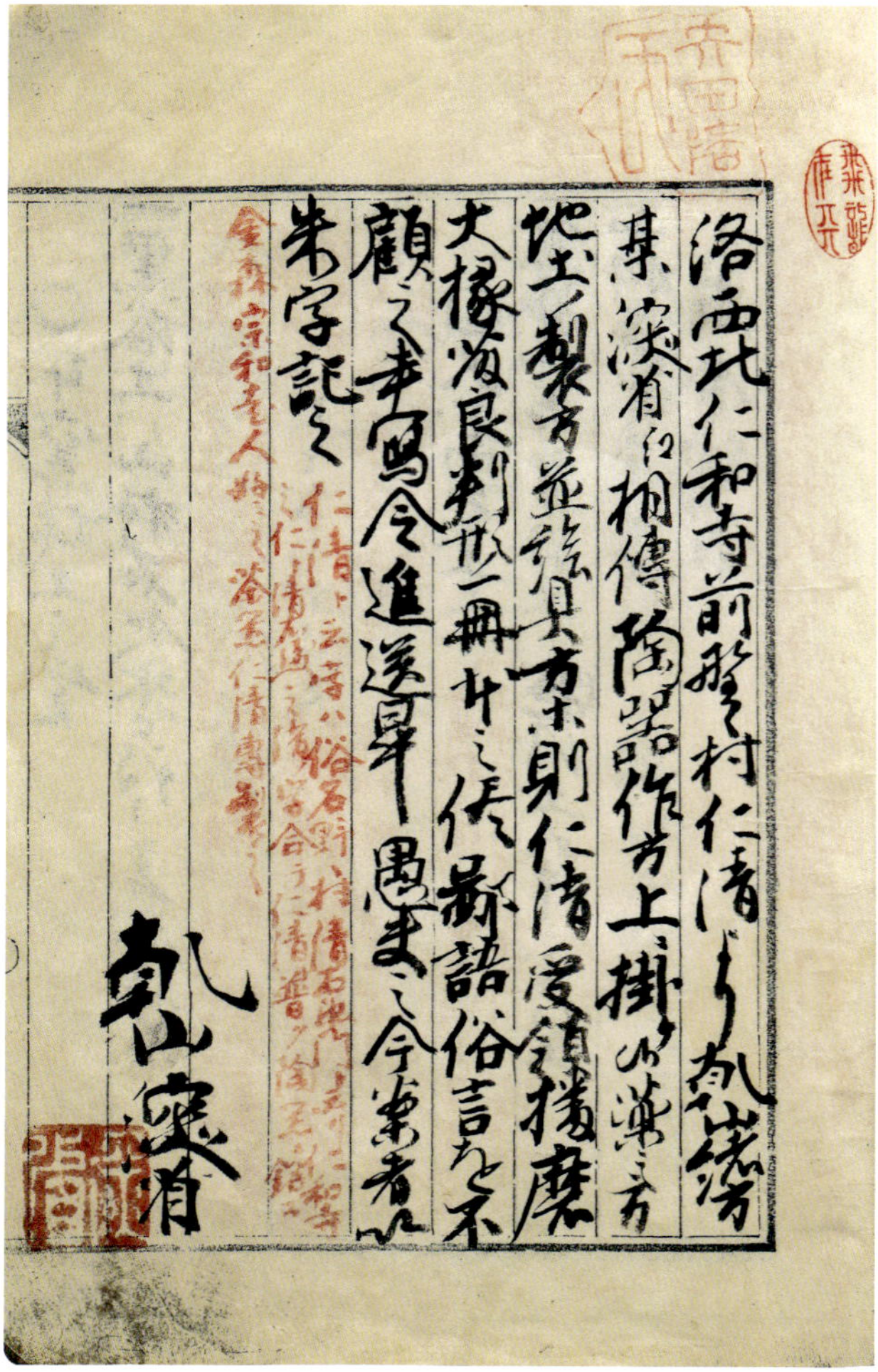

『陶工必用』緒言

『陶工必用』（大和文華館蔵）は尾形乾山（1663–1743）自筆による陶法伝書で、元文２年（1737）３月の奥書がある。本書の構成は３部からなり、第１部は仁清から伝授された陶法（仁清伝書）を、第２部は押小路焼の孫兵衛から伝授された内窯陶法について、第３部は乾山本人が工夫した新しい陶法について記している。

特に緒言においては、朱字で、「仁清ト云字ハ俗名野々村清右衛門ト云リ」「仁和寺之仁ト清右衛門之清ノ字合テ仁清ト普く陶器に銘ス」「金森宗和老人好ミ之茶器仁清専製之」とあり、仁清の名の由来や俗名が野々村清右衛門であること、また金森宗和との関係が明確にされている。

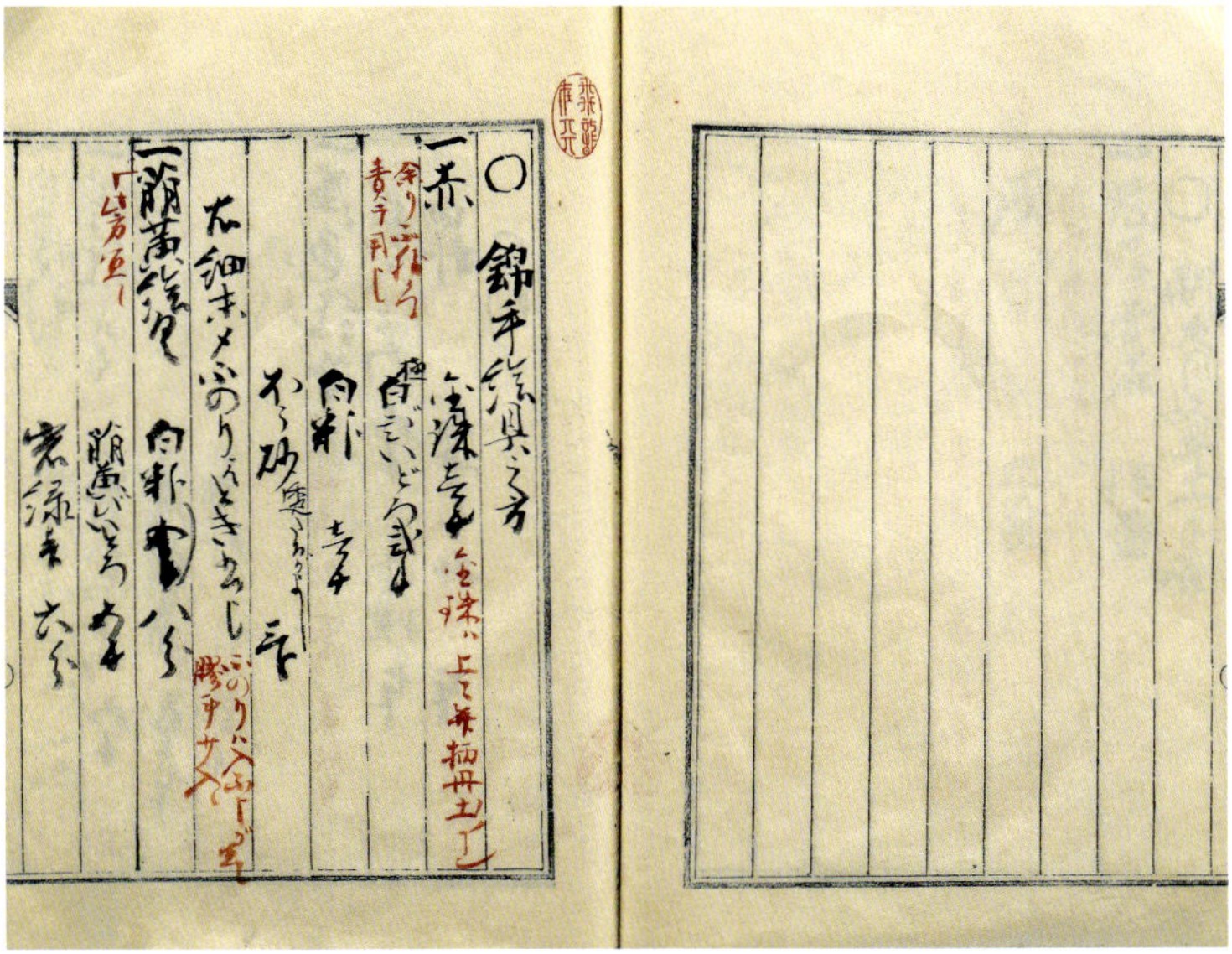

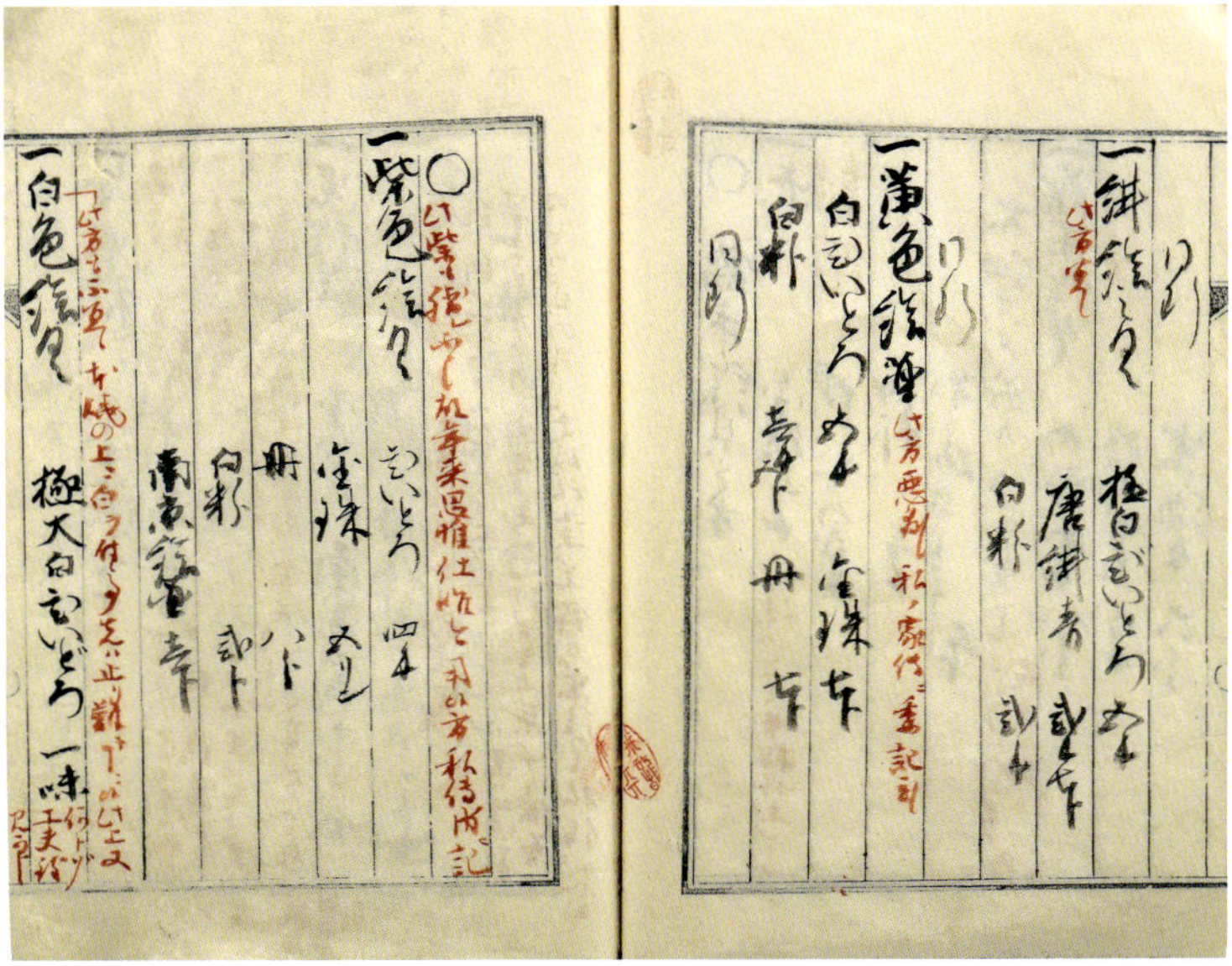

仁清伝書中の「錦手絵具之方」部分

論考

仁清の金と銀

西田宏子

この度の「仁清　金と銀」展に関わることができたのは、平成十六年（二〇〇四）に根津美術館で「仁清の茶碗」展（以後、茶碗展）を開催したことにあったと思われる。仁清の茶碗を造型と意匠から解明しようと企画したものであったが、仁清の茶碗を巡って様々な問題に直面した。そのなかで、一番問題となったのは仁清の作品にみる金銀彩に関することであった。これまで、仁清の色絵の始まりについて論じられた時には、肥前の柿右衛門が学んだように唐人、すなわち中国人陶工が関わったのだろうかなどと考えられていた。そのため、仁清の金銀彩に関しては茶碗展まで取り上げられてこなかった。

茶碗展で問題にしたのは、仁清の茶碗に用いられた金銀彩の技法についてであった。仁清の窯があった仁和寺周辺で採集された陶片のなかには、呉器茶碗の破片が多かった。呉器手の茶碗を伝世の茶碗から探し出すのが難しかったが、色絵茶碗の初期の作品には、呉器茶碗形のものが見られた。さらに、色絵の初期の作品でも、金彩がほどこされていたのであった。仁清は京にあって、その活動の初期から金森宗和のような文化人と交流があったので、当時人々の間で高く評価されていた中国明時代の金襴手の磁器を手にする機会も多かったと思われる。しかし、そこからどのように金彩の技法を学んだのかは明らかではない。仁清作品にみる金銀彩の技法は多様で、金銀の泥で描いたもの、金箔を貼ったもの、截金（切金）の技法を用いたものなどの存在を茶碗展において指摘したのであった。

約十五年の時を経て、金銀彩の技法に関心を示したのが、ＭＯＡ美術館と仁清の研究家・岡佳子氏であった。その技法や素材の解明のために、工学的、科学的な調査を行い、その成果をもとに「仁清　金と銀」の展示が可能になった。

ここで、改めて茶碗展で考えた事柄を振り返り、考えてみることにした。

1　仁清の金銀彩で考えたこと

仁清の数ある作品のなかで、茶碗に特化した展覧会を催し、そこで注目したのは、金銀彩のある作品であった。一例を挙げると、ＭＯＡ美術館蔵の「色絵金銀菱文重茶碗」（作品No.20）に用いられた技法と、愛知県陶磁美術館蔵の「色絵金銀菱繋文茶碗」（作品No.28）の菱文に使われた技法である。ともに菱形を金銀彩で表しているが、ＭＯＡ美術館の金銀が全く剝落することなく光沢をみせている一方で、愛知県陶磁美術館のそれは所々剝落している、というか擦り切れて剝がれたようにみえる。これは、この二碗に使われた金銀彩の技法が明らかに異なっていることを示していると考えた。

同じように金彩が剝落している根津美術館の「色絵結文香合」（作品No.46）の金彩を詳しくみると、金彩の下に朱色の下地があることが判った。しかも、金彩の金に粒子状の粒がみとめられた。この作品では金彩が焼成されていなかったのである。

金銀彩は、ＭＯＡ美術館蔵の「色絵藤花文茶壺」（作品No.50）にも、東京国立博物館蔵の「色絵月梅図茶壺」（作品No.59）にもほどこされている。銀彩が焼成によって気泡が生じ、黒く変色している。この変色は経年変化によるものと考えられてきたが、同じように金銀彩がほどこされていても、気泡のみられないものもある。金銀を面で塗って表現する場合に美しくみせる方法を仁清は考えたに違いない。

仁清は京都という様々な職人の働く場所で、金彩を最も美しくみせる方法を、陶芸を超えて他の工芸に求めたと考えた。絵画、漆芸、染織など金銀彩を用いる工芸に注目したのであろう。そこで、蒔絵のように金粉を蒔く技法、絵画にみる金箔を貼るという技法、さらに彫刻にほどこされる截金の方法に巡り合ったのだろうと考えたのであった。

2　武蔵野文茶碗の金銀彩

ここで、さらに根津美術館蔵の「色絵武蔵野図茶碗」（作品No.24）の銀彩について考えてみたい。この茶碗の銀彩に関しては、これまで殆ど注目されてこなかった。観察の結果、鍋島藩窯で行っていたように、薄などの秋草文を素地の上に焼くと消えてしまう瓢簞炭のようなもので文様を描き、その周縁の隙間に薄い銀板を切って置いたものと考えたのであった。茶碗は満月の下での秋野の様子を描いたものである。白く残された月以外は、灰黒色の銀彩を背景に揺れ動く薄の葉と穂先が風にゆれて交錯する様子が赤と緑と青が上絵付で描かれている。葉と茎と、穂先が揺れ動く微細な空間に小さな銀板を置く技術の高さは、驚くべきものである。銀板を置いたのちに施釉して、白く残った部分に薄の葉と穂先を色絵で描いて文様は完成している。

このように文様を残して、余白を金箔で埋めるという技法は、少し時代は下がるが、尾形光琳筆の「燕子花図屏風」（図1）にもみられる。そこでは、紙に先ず花文様の輪郭が描かれ、その外側に金箔が貼られたのちに、燕子花が描かれているのである。

仁清が用いた截金の技法については、乾山がその『陶工必用』のなかで、自らの長年の経験によって得られた技法として記している。乾山が自らの約四十年に及ぶ作陶を通じて自らの工夫を記した「乾山一流之内かま薬ゑのく焼方ノ事」に、泥に加えて截金の技法についても記されているのがそれである。

金銀彩に関する「金銀　かながいやき付候方」には、

金ニても銀ニてもまきゑ物ノかなかいのためのべ置たるうすがねヲ求メ　もやうニ可仕物ノかたちを月花其外なにゝても切貫　すやきしたる物ノ上ヘ付申候其付ケ申候薬ハ　合セタル白ゑのぐニほうしや半減ほと指加ヘ濃キ膠ふのりも濃クして少交よく〳〵すりませかためなるのりの位ニねり候て　右之切金ヲ圖の所ニおし付又其外の　ゑハ黒白紫紺緑黄赤桃何ニても　彩色　致右切金の上ヘも一所ニ惣躰ヘ

図1）尾形光琳筆「燕子花図屏風」（根津美術館蔵）

上くすり　法の通二返かけ候てやき候へば金銀かなかいの上斗ハ上くすりちりのき候て金色直ニあらはれ　上薬ハ其きわ一はいニ止り更ニあとゟ　切金付不申候證據分明ニ顯申候併　下地の器ニたかひく有か又ハ曲りたる様の　形の所へハ付がたく候間香合なとの上一文字なる所か又ハ盃臺皿るい香盆形のやうなる一文字ニ平めたる所ニ付候竪ニ付ても横ニ付ても宜持申候

と記しているのがそれである。曲がった面、すなわち茶碗の曲面には、このような細かい仕事は難しいと述べている。この難しい作業を行ったのは、おそらく仁清工房の職人かとも思われるが、この一碗でも気の遠くなるような作業を行えるのは、専門として截金を行っている職人と考えられる。

　この截金の技法を用いた乾山の作品を知らないので、果たして乾山が約四十年に及ぶ作陶を通じて自らの工夫を記した「乾山一流之内かま藥ゐのく焼方ノ事」には記されているものの、果たして乾山の工房でつくっていたのか疑問である。しかし、仁清は、このように截金を使っていたと思われる。同じように厚く金銀彩をほどこしたMOA美術館の金銀菱文重茶碗の施文技法は、今回MOA美術館が依頼した「粉末X線回折法」によって、金泥、銀泥で描かれたのちに焼き付けられ、それに輝きを増すように加工されたことが明らかにされた。これは『陶工必用』にはみられない技法である。仁清が目指したのは、輝いている金と銀であったのである。しかも剥落することのない金銀彩の技術が必要であった。

　仁清の用いた技法については、のちに尾形乾山によって『陶工必用』の中に書き残されているが、仁清から伝授された技法のなかには、色絵武蔵野図茶碗にみられる截金の技法に想定される技法は記されていない。すでに述べたように、乾山が截金技法について記しているのは、乾山が長年に亘り習得した技法を記した部分である。

　乾山の記した金銀彩は、どのような乾山の作品に完成した技法としてみることができるのだろうか。乾山は、その技法についてもさらに詳しく述べているが、それが次なる疑問に繋がってゆく。

3　乾山の作品にみる金銀彩

仁清の陶法を学んだ乾山であるが、その作品をみる限り、仁清の技法をそのまま受け継いではいないようである。乾山は、技術を学びながら、独自の技法を考えたと思われる。型紙による図柄や、型で成型した色紙皿のような器形など大量につくれる食器に適した技術を採用している。

乾山にも、金銀彩のある器物は幾つか知られているが、それらは乾山の作品としてはむしろ特殊な器である。一例をあげると、根津美術館蔵の「絵替土器皿」（図2）がそれである。皿は乾山が周辺の窯で焼かせたものと考えられている。手捏ねの不整形な五枚の皿は、柔らかな焼き物を指す「土器皿」と称されているが、実は固く焼き締められている。この皿に、乾山は白土を塗って画面を区切り、その上に呉須と鉄絵で文様を描き、透明釉を掛けて焼成している。さらに釉上に金彩をほどこして、作品を完成させている。金彩は金泥で描かれていて、現在では所々剝げ落ちている。金泥が薄く塗られているためと考えられるが、「厚いほうが良い」と記している乾山の基本とはかけ離れている。乾山の作品に、文様の輪郭線に金彩を用い、葉脈に金彩をほどこした文様の皿や鉢などは、ある程度の数がみとめられるが、金で文様を描いたものは限られている。絵替土器皿の梅花や雪の結晶、帆舟の図などは、輪郭なく文様を描く珍しい作品である。

乾山の金銀彩のある作品には、蓋物が幾つか知られる。いずれも型で成型されているが、重たく取り扱いの難しい器である。大切に使われてきたためか、金銀彩の剝落は少ない。「染付金銀彩松波文蓋物」（図3）は、その一例である。内面には白土を塗って呉須で波文を描き、その上から釉を掛け、焼成ののちに金彩で波を加えている。乾山の作品にしては、四方の蓋物は同じ文様ではなく全て異なった意匠であることは、量産品の多い乾山としては珍しい一群である。伝世の作品はいずれも特別に丁寧につくられた器である。おそらく注文によって、異なった意匠で装飾されたものと考えられる。

図2）
乾山作
「絵替土器皿」
（根津美術館蔵）

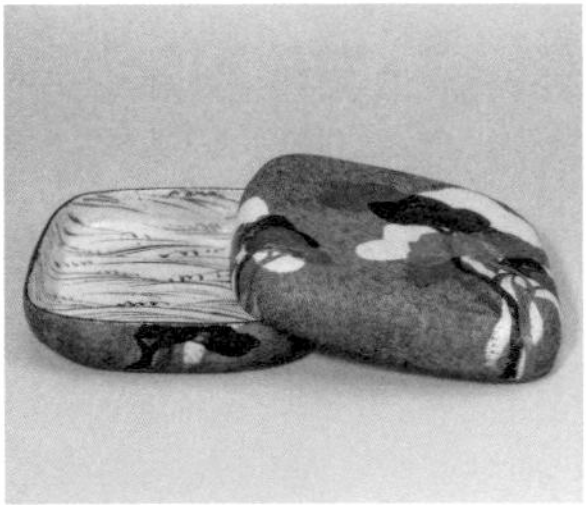

図3）
乾山作
「染付金銀彩松波文蓋物」
（出光美術館蔵）

4　仁清と金銀彩

仁清の金銀彩のある器物をみてゆくと、その多くが特別に注文されたものと思われる。茶壺、香炉などは勿論のこと、茶碗や香合なども、注文品であったこと、すなわち使い手がわかるものであったからこそつくることができた、丁寧につくられた作品であることがわかる。

そのなかで根幹に及ぶ疑問としては、仁清の作品は工房または外部の専門職人によるもので、仁清デザインといえるのではないかということである。仁清は丹波で壺などを焼いていたが、轆轤の名手であったので京へ上り、そこで焼き物を始めたといわれている。御室窯跡から出土するのが、高麗茶碗の呉器手を写した茶碗の破片が多いことは、先ずそのような流行の形を写したのではないかと考えられる。ついで、文様を描くようになると、鉄絵や呉須と鉄を混ぜたような色彩の作品がつくられた。茶碗が多いが、茶壺にも「富士山に三保松原図」（図4）のような文様がみられる。そこに描かれたのびやかな線描の図は優雅である。

また、一方では水墨画を思わせるような作品もある。鉄絵の寒山拾得図などがそれである。そこには楽しげな表情の人物が描かれ、枯れ枝にとまる鳥を詩情ゆたかに描いている。このような画風の違いをどのように説明できるのかは明らかにされていない。

さらに、色絵になった時には、茶壺にみるようにそれぞれに画風が異なり、色使いが異なっている。さらに金銀彩が加えられ、その技法の微妙な違いや高い専門性が要求される技法で彩られた作品を前にすると、これは仁清工房、あるいは必要に応じて集められた絵師や截金の工人たちなどの仕事で、それらの人々は、仁清の金銀彩を完成させるための技術を持ち、提案してゆく名工たちであったといえる。仁清は自らの手で金銀彩を行うのではなく、高い技術を持った職方を統率して作品を完成させる立場であったと考えられるのである。

仁清の金と銀は、今回で解明されたわけではない。これからも、一つ一つの作品にあたって金銀彩の不思議を解き明かして行かなくてはならない。

図4）
仁清作
「銹絵富士山図茶壺」
（根津美術館蔵）

仁清御室焼の変遷

岡 佳子

はじめに

地方の窯には見られない、江戸時代前期の京焼の特色は、と聞かれれば、私は即座に金彩で文様の輪郭線を描くことだと答える。金のみならず銀も、さらに線のみならず文様全体を金や銀の面で現わすこともある。

しかし、窯中での焼成時、長い伝世期間、それらが銀色を黒く変色させるため、陶工は銀を使いたがらない。だが、仁清《にんせい》の、ことに京極家伝来の色絵茶壺には金銀と多彩な色絵が施されている。銀の色は変わらず、これこそ都といった豪華な作品群である。

現代のように、豊富な科学知識があるわけでも、焼成中に窯のなかの温度が分かるわけでもない。仁清が生きた江戸時代前期、十七世紀に、どうしてこのような金や銀を縦横に使えたのか、豪華な色絵陶器が焼けたのか、仁清の作品を見るたびに、その疑問が起こる。

本展覧会「仁清　金と銀」は、金、銀を豊富に使った豪奢な仁清の色絵陶器、それを生んだ時代の絵画、工芸品を集めている。加えて西田宏子氏による金銀技法についての論考、村串まどか・阿部善也・中井泉の諸氏による「色絵藤花文茶壺」（作品No.50）と「色絵金銀菱文重茶碗」（作品No.20）の科学分析の報告を本書に盛り込んでいる。この意欲的な試みは積年の疑問を解く鍵になると思う。

しかし、私に与えられた役割は別にある。本図録の構成に沿い、約半世紀の仁清御室焼の変遷を描くことである。金と銀、色絵の諸相を念頭に置きつつ、その役を果たしたい。

尚、御室焼についてはすでに拙著にまとめた。

末尾に参考文献としてあげたため、史料の所在や出典はそれらを参照して欲しい。

第一章　宗和好みと仁清のかたち

仁清と仁和寺

仁清を語る時、最も的を射た史料が、仁清の愛弟子で、次代の京焼を代表する陶工尾形乾山（一六六三～一七四三）が記した『陶工必用《とうこうひつよう》』の下記の件であろう。

> 仁清ト云、字ハ俗名野々村清右衛門ト云リ、仁和寺ノ仁ト清右衛門之清ノ字、合テ仁清ト普ク陶器ニ銘ス、金森宗和老人好ミ之茶器仁清専製之

仁清本人、仁和寺《にんなじ》、金森宗和《かなもりそうわ》との関わりと、最も重要な三点が記載されている。そこから話を始めよう。

仁清の俗名は野々村清右衛門といった。生没年は不詳であるが、その姓から丹波国北桑田郡野々村（現京都府南丹市）出身とも言われている。『陶工必用』には、若い頃に彼が茶入作りの技法を瀬戸で身につけたとある。

清右衛門が仁和寺門前に窯を開き御室焼を焼き始めたのは、正保四年（一六四七）頃と考えられる。幕府からの造営費をもとに仁和寺が伽藍を再興し落慶法要を行ったのが同三年十月、記録上の初見が鹿苑寺の住職鳳林承章《ほうりんじょうしょう》（一五九三～一六六八）の日記『隔蓂記《かくめいき》』同五年正月九日の「御室焼之茶入」である。ちょうど、そのあいだに開窯したと思われる。実際、御室焼の「焼物師清右衛門」が陶技を披露したことが『隔蓂記』慶安二年（一六四九）八月二十四日条に記されている。

ついで、『陶工必用』には、仁和寺の「仁」と清右衛門の「清」をとり、「仁清」と名乗り、それを陶器の銘としたとある。御室焼の背面に捺された「仁清」印がそれである。

仁清は領主である仁和寺のためにのみ御用品を焼いたという説もあるが、実際はそうではない。仁和寺御用達という権威を帯びた焼物として、販路を伸ばしていったのである。

図1）
仁和寺　二王門
（写真提供／仁和寺）

金森宗和の役割

流通の要《かなめ》の役割を果したのが、金森宗和重近（一五八四～一六五六）であった。彼は飛騨高山領主金森可重《ありしげ》の嫡男であったが、慶長十九年（一六一四）に父から廃嫡され、母を伴い京都に出て大徳寺の伝叟紹印《でんそうじょういん》（一五六九～一九二七）に参禅し、宗和の号を得た。その後、道具の目利きや創作のための優れた美意識を備えた茶匠として名声を高め、宗和形の信楽水指や粟田口焼茶入を誂えたことも記録に見える。

『松屋会記』慶安元年（一六四八）三月二十五日条の金森宗和茶会には「宗和切形」の「仁和寺焼」胴四方茶入を使用したと記されており、開窯時から御室焼に関わったことが明確になる。

御室焼は一六九〇年代まで記録に現われ、約半世紀、命脈を保った窯である。開窯時点で金森宗和は六十代の初め、死没したのはそれから約十年後で、御室窯の初期に関わったにすぎない。だが、先に記した『陶工必用』には、宗和好みの茶器を仁清が専ら作ったとあり、宗和の死の七年後に生まれた乾山は、生きた宗和を見たこともないのに、そう記すのである。ここから宗和が御室焼に果した役割の大きさが窺える。

彼の主要な役割は二つある。初期御室焼の流通の要であったこと、いま一つは仁清に宗和好みの御室焼を焼かせたことである。

流通に重要な役割を果したことは、宗和の書状に明らかである。たとえば、御室開窯からわずか二年後の、慶安二年（一六四九）一月二十五日付と推定される加賀藩家老本多政長宛宗和書状には、先日下した「御室焼物」は注文通りではなかったので、三月にもう一度焼くから、「御きりかた」を頂きたい。この窯は「あつらえの外ハいたし不申候」であるが、茶の湯流行のおりがら、諸方から注文が殺到していると記されている。

幕府の大番役を務めていた旗本の堀利長宛の承応二年（一六五三）閏六月七日付の書状（図2）にも、「然ハ御室焼物御用候よし、茶入・茶碗いくつほと御用候」と注文をとり、「焼物いたし申者」が言うには、「方々あつらへ、大かたかまつまり申よし申候」と、注文で窯が詰まってしまったとある。

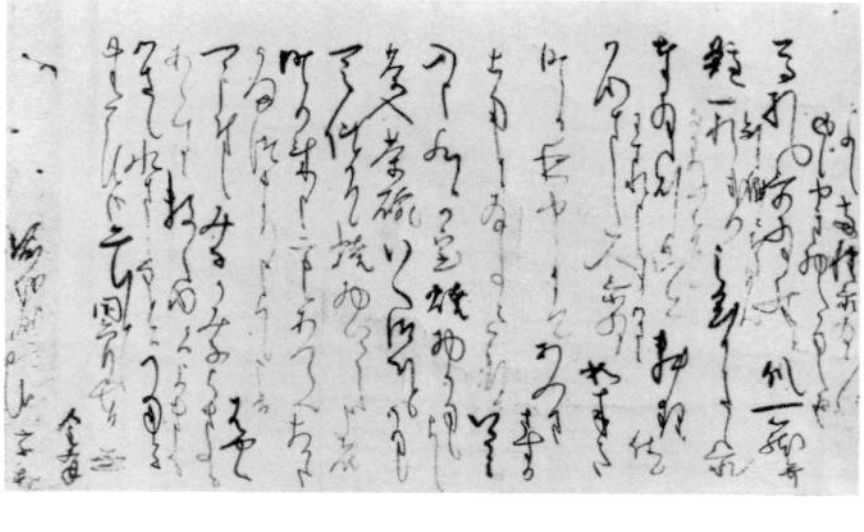
図2）
堀利長宛　金森宗和書状
（大和文華館蔵）

明暦元年（一六五五）正月二十七日付と推定される丹波篠山五万石の領主松平康信宛書状にも、「酒井雅楽頭殿御用、御室焼之茶入四ツ五ツふた・袋いたし御用之由、奉得貴意候」と、老中酒井忠清の注文を受けた。

「御室焼のちゃ入御門主様御用候之旨、幸ふた袋いたし申も御さあるへく候」と、本願寺門主良如に御室茶入を斡旋した内容の下間少進宛書状があり、丹波福知山城主松平忠房宛書状には御室焼唐物写の十八個の茶入を斡旋したと記され、大坂町奉行松平重次宛書状に御室茶碗の送付が記される。加賀前田家の家臣成田弥五兵衛宛書状にも、御室窯で前田利常所持の清香葉茶壺の修復をした旨が記載される。

これらの書状から、宗和が御室焼を大名や幕臣たちに仲介していたことが分かるが、彼らの多くは京都で宗和が主催した茶会の出席者である。茶会には新作の御室焼が使われ、ここは御室焼新作発表の場となっている。その出席者に宗和が御室焼茶器を下すのである。

宗和は宮廷・公家の茶の指導者と言われているが、宗和晩年、ほぼ十年間の『宗和茶湯書』『宗和献立』『宗和会席』に記載される出席者には公家はほとんど認められない。前田家や浅野家などの外様大名の家臣、京都所司代・大坂町奉行・寺社造営奉行などの役目を帯びて上洛する譜代大名や幕臣たち、角倉・灰屋・後藤・本阿弥などの京都の上層町衆、大名家の呉服所の町人たちが認められる。彼の茶会は江戸や地方の武家と、京都の町衆を結ぶ場であった。

さらに、仁和寺造営奉行の青木一玄・木下利当らが参加者で、彼らと昵懇の様子が『隔蓂記』などに記載されている。してみると、御室開窯も、宗和から造営奉行たちに働きかけて叶ったものと推測される。

宗和好みのかたち

宗和が若き野々村清右衛門に焼かせた茶器とはどのようなものであったのだろうか。宗和茶会記から窺ってみることができる。

宗和好みの御室焼は、その「かたち」に特徴がある。長高・胴締め・胴四方の茶入、せい高・歪み口・捻貫・耳付などの水指、蓋部分に翡翠・鷺・雉などの鳥の装飾を施した丸形・四角形の香合、小袖・楊枝差などの彫塑香合など、創意のある形状の御室焼が宗和の茶会記に記載されている。

その茶入や水指に、黒釉、褐釉、銅緑釉、白釉などの多彩な釉薬が流し掛けられる。あるいは銹絵を主として菱や鱗文などが布置されている。釉薬や文様もまた多彩で独創的だが、いずれもその「かたち」を崩さない。

高麗呉器《ごき》茶碗、唐物茶入、瀬戸茶入、信楽や伊賀、南蛮水指など、この時期に賞翫された請来物や諸国の国焼の茶道具を写すが、一旦仁清の手に掛かると、独特の器形の創意が加わり、そこに最も適した釉と文様が配され、瀟洒な都風の茶道具に仕立てられる。それが、仁清を指導した宗和の好み、いわゆる宗和形だろう。

本展覧会でも、宗和好みの御室焼が出品されている。個々の見所は米井善明氏の作品解説に委ねるが、宗和好みがよく現われているのが、「銹絵水仙文茶碗」(作品No.1)であろう。本作品には金森宗和寄進状(作品No.2)が附属しており、慶安四年(一六五一)に彼の母が死没した折に寄進したと思われる。初期の御室焼を代表する茶碗である。

この茶碗は、腰を膨らませ、胴部を締め、そこから朝顔形に口を開き、口縁をわずかに内へ抱え込んだ独特の形状をもつ。正面には細密な筆使いで横に寝かせた水仙一枝を描き、高台脇まで釉を掛ける。背面には文様はなく、水仙の葉を胴締めの下部の膨らみの上に、上部には花を布置するが、これは優美な胴締め茶碗の形が最も生きるような構図である。宗和好みの御室焼は、それが文様を描いたものであっても、あくまで、かたちが重視され、それを壊さないのである。

このような御室焼は宗和が存命中の初期十年のみで終わった訳ではなかった。本書に掲載した『平田職直日記』の茶の湯関係記事は、十七世紀後半、延宝・天和・貞享期(一六七三〜八八)の職直や近衛家煕の茶会記録だが、そこには宗和形の様々な茶道具と、御室焼が盛んに使われている。

先に記したように、乾山が晩年に著した『陶工必用』に仁清が宗和好みの茶器を焼いたと記すのも、死没後でも、宗和好みの御室焼が基盤をなすものとして、最後まで製作され続けられたためだろう。

第二章　金、銀、色絵への展開

初期御室焼の色絵

「かたち」に創意をもつ瀟洒な宗和好みから、仁清は次の段階へ移行する。金と色絵への展開である。開窯から十年後の明暦三年（一六五七）四月の銘をもつ藤田美術館の「色絵輪宝羯磨文香炉」（作品No.31）は、密教の修法具の輪宝と羯磨の文様が赤・青・水色の三色で描かれ、さらに太い金線で縁取られている。藤田美術館と同様の香炉を岡田美術館が所蔵するが（図3）、後者の金には焼けによる変色が認められるため、これらは金泥を焼き付けたと考えられる。

先に記した本多政長宛書状には、「御室焼物今日いろゑ出来申」との件があり、書状が出された慶安二年（一六四九）正月、開窯からほどなくして色絵が焼かれたと確認される。

これに続き、色絵物の記載が認められるのが宗和茶会記である。その初見は、慶安五年五月十七日の「御室皿内ニ赤絵」（向付）で、承応元年（一六五二）に「茶碗御室赤絵薄入絵丸五ツ」、同二年には「御室焼内赤絵菊」「同（御室）あかゑ」「あか笠御室」などの懐石具。「御室黒茶碗錦手」（『宗和茶湯書』）、同三年には「茶碗御室くろくすりニ赤絵金入」同四年には「ちゃわん御室赤絵金入むめの花」（『宗和献立』）などの記載がある。注目されるのは赤と金、そして黒と記載されていることである。黒は鉄釉の可能性があるが、他は色絵物であったと思われる。

伝世品では、大坂町奉行の松平隼人重次宛の「御室にて中付候茶碗進上申候」との件がある宗和書状が附属する湯木美術館の「色絵扇流文茶碗」（図4）と、「宗和ヨリ来　仁和寺焼　茶碗一　俊了」の箱書をもつ「色絵波に三日月図茶碗」（作品No.6）が、宗和時代の色絵茶碗と考えられる。「色絵扇流文茶碗」には、観世水に浮かぶ三面の扇文の輪郭を金の細線で描き、赤と青・水色・紫の色薬

図3）色絵輪宝羯磨文香炉（岡田美術館蔵）

図4）色絵扇流文茶碗（湯木美術館蔵）

が施されている。「色絵波に三日月図茶碗」にも、濃淡の青色で波濤文と赤褐色の三日月が描かれている。両碗ともに文様は正面のみで、背面にはない。先に記載した明暦三年の「色絵輪宝羯磨文香炉」の色絵は赤を基調に、金・青・水色であり、これらは共通し比較的落ちついた作調である。

初期十年に製作された色絵の作風が明らかになると、仁清色絵の典型と言われる「色絵鱗波文茶碗」（作品No.21）、「色絵鉄仙花文茶碗」（作品No.23）などの本焼釉を流し掛け、金・青・赤とともに、緑釉で文様を胴部全体に施した華やかな掛け切り手の色絵茶碗、「色絵金銀菱文重茶碗」（作品No.20）、「色絵花輪違文茶碗」（作品No.27）などの黒釉に輪違い・菱・蓮弁などの有職文を配した黒茶碗の一群は、初期からのものではなく、宗和没後の色絵であったと考えられる。

色絵陶と御室焼の隆盛

色絵が宗和没後に隆盛したことは、文献史料によっても分かる。表1は鳳林承章の『隔蓂記』に

表1　『隔蓂記』に掲載される「御室焼」一覧

正保5年（1648）	1.9	御室焼之茶入一丁
慶安2年（1649）	8.24	御室焼之茶入一丁（唐物似丸壺茶入）
	10.13	水指両丁皿十二丁
	12.12	水指御室焼
慶安3年（1650）	10.25	御室焼之茶碗二ヶ
	11.3	於御室而焼茶入
承応2年（1653）	1.3	御室焼茶碗両丁（年賀）
	10.26	御室焼之茶入一ヶ
	11.12	御室焼之茶碗一ヶ
承応3年（1654）	1.1	御室焼茶碗一ヶ（年賀）
明暦元年（1655）	8.1	御室焼茶碗一ヶ（八朔）
明暦2年（1656）	2.20	御室焼之水指茶入茶碗
	4.11	御室茶碗入箱
	8.1	御室焼之茶椀一ヶ（八朔）
明暦3年（1657）	6.14	御室焼薄茶々椀
	11.26	御室焼之茶碗一ヶ
明暦4年（1658）	1.9	御室焼茶椀一ヶ（年賀）
万治元年（1658）	11.15	御室焼茶椀一ヶ
万治2年（1659）	4.10	御室焼之茶椀大小両ヶ
	12.28	御室焼茶椀一ヶ（歳暮）
万治3年（1660）	3.11	任清焼物共
	10.19	錦手赤絵御室任世作之茶椀
万治4年（1661）	3.24	御室焼之鉢一枚
寛文元年（1661）	7.18	任清焼之薬鍋
寛文3年（1663）	1.12	御室焼茶椀一ヶ（年賀）
	7.28	錦手任清焼之茶椀一ツ
	8.1	任清焼之大茶椀（八朔）
寛文4年（1664）	1.3	御室任世作之茶椀（年賀）
	8.1	御室焼茶椀一ヶ（八朔）
寛文5年（1665）	1.6	御室大茶椀一ヶ（年賀）
	2.18	御室焼之有耳水指、無蓋赤色
寛文6年（1666）	1.26	菓子焼物鉢両ヶ持参、任清焼也

記載された御室焼を一覧表化したものである。『隔蓂記』には、正保五年（一六四八）を初見に三十数例、御室焼の記事が認められる。本表を左右に分けたのは、左が明暦二年（一六五六）十二月に死没した金森宗和存命中の御室焼であり、右が宗和死没後の記事だからである。

第一に注目されるのは、宗和存命中は「御室焼」としか記載されないのに、没後の万治三年（一六六〇）三月十一日条には「仙洞　御幸于御室仁和寺、予亦奉供奉、〈中略〉任（仁）清焼物共御取寄被成」（『隔蓂記』）と、「任清焼物共」が、仁和寺に御幸した後水尾院の栄覧に供されたとある。これを期に、「錦手赤絵御室任世（清）作之茶椀」、「任清焼之薬鍋」、「錦手任清焼之茶椀」、「任清焼之大茶椀」といったように、「任清」「任世」と陶工名を冠しての呼称が増え、加えて錦手、赤色などの色絵物が頻繁に記載されるようになる。宗和没後に仁清が色絵製作で名を上げ、それが彼自身の名前で焼物が呼ばれるようになったと考えられる。

『隔蓂記』は京都での御室焼の世評を知る文献だが、寛文八年（一六六八）に鳳林が没して後は、先に記した『平田職直日記』、同時期の『真敬親王日記』などの記事にその賞翫が明らかになる。御室焼は十七世紀後半の宮廷と公家の茶の湯に必須の焼物であった。

仁清の名声は江戸でも高まりをみせた。『徳川実記』明暦元年六月二十三日条には牧野親成が京都所司代となって初めての将軍拝閲に「御室窯香炉・茗碗」を献上した記事が見える。親成は、この後、同二年七月に「御室茶碗」を、彼が所司代の役務を終えた将軍お目見えの折の寛文四年（一六六四）十二月にも「御室茶入」を献上している。

『徳川実記』寛文二年九月一日には、仁和寺門跡性承法親王の使が寛文度の仁和寺殿舎修理料の礼として、「御室茶具五品」を贈った。京都所司代や仁和寺からの献上物のみならず、御室焼は、幕命を帯びて上洛した旗本たちが役目を終えたのち、江戸城に伺候する折の京土産としても用いられている。寛文二年九月には、御側役松平氏信が「御室香炉」を、同三年七月には、御側役森川重名が「御室茶碗」を、京都からの帰還の土産に献上している。天和元年（一六八一）七月二十八日に仁和寺門主から「御室茶碗、花瓶、硯屏」が贈られたのを最後に御室焼は姿を消す。

京都や江戸で御室焼は賞翫され、京の焼物としての地位を確立させていった。御室焼の隆盛は一六六〇年以後、寛文期からと見ることができるだろう。

祝儀茶碗の金彩

いま一度、表1に戻ってみよう。ここに記された御室焼の器種に注目してみると、宗和存命中は、茶入や水指などが記載されるのに、次第に茶碗が数を増してくるのがわかる。さらに（八朔）（年賀）（歳暮）などと（　）内にどのような状況で贈答されたかを記載したが、年賀や八朔の祝儀茶碗がきわめて多いことが明確になる。祝儀茶碗の焼成が御室焼の隆盛を生む一つの原因であったとも思われる。

平成十六年（二〇〇四）に根津美術館で開催された「仁清の茶碗」展図録で西田宏子氏は「色絵結熨斗文茶碗」（作品No.25）に関して興味深い指摘をされた。本茶碗は正面に赤と青を用いて結熨斗を描き、その上に金彩で鹿の子文を施しているが、金にかなりの剝落が認められる。結熨斗は吉祥文様で、これは年賀の祝儀茶碗と考えられるが、西田氏は剝落部分を電子顕微鏡で拡大撮影した結果、この金は焼き付けたのでなく、金箔を貼り付けたと指摘された。それは金の部分に焼成の折に生じる気泡がなく、金の下に赤漆の痕跡が残るからで、赤漆上に金粉を撒く蒔絵と同様の技法で製作されたのだという。加えて西田氏は「色絵金銀菱繫文茶碗」（作品No.28）の金銀菱文様もまた、金と銀箔の貼り付けと指摘された。本茶碗もその意匠から祝儀茶碗と考えられる。

八朔や年賀の祝儀の贈答物は、目下から目上の者に対し年毎に贈られるのが習いである。年一度の趣向が重視され、年が変われば用は尽きる。焼き付けに比べると金箔は剝がれ易いという欠点をもつが、これが年一度に贈る祝儀茶碗ならばその点はさほど問題にならない。むしろ金が多い華やかな茶碗が望ましい。

そのように見ていけば、文献類も異なった読み方ができる。たとえば、『宗和茶湯書』には、承応元年（一六五二）に「御室赤絵薄入絵丸五ツ」の茶碗が認められるが、この「薄」は「箔」の当て字と考えられる。「薄」も「箔」も共に「うすい」という意味をもち、「はく」と音読する。もしそうならば、「薄入絵丸五ツ」は「箔入絵丸五ツ」のことで、赤絵の丸文に金箔が施された茶碗と見ることができ、宗和時代から箔茶碗の技法があったと考えられる。

時代は下るが、加賀前田家の家老職を務めた本多家の蔵品を明治期に調査した折の記録『本多氏古文書等』（図5）には、多数の仁清陶が記載されている。その一つに「おむろへに皿手　茶碗　はく入」との箱書があったと記載されている。ここには挿図があり、これが金と紅色の横筋が入る茶碗と分かるが、この「はく」は「箔」の可能性がある。

箱書に「桜の模様　仁清　茶碗」と記載された茶碗が認められる。挿図には棒線で部分の意匠が記載され、濃淡の緑釉の掛け切り手茶碗と分かる。緑釉上には四個の桜文が施され、「桜金　マキエ」と注記があり、蒔絵の手法で施された金箔の桜文とみることができる。

仁清の作品では、茶碗とともに色絵が施されるのが香合である。「色絵結文香合」（作品No.46）（作品No.47）は両者ともに内側の香合を納める部分が前者は緑色、後者は赤色で絵付けされ、その上に金彩で籠目文が施されているが、そこにはかなりの剝落が認められる。さらに、作品No.46のほうは金の下に漆跡がわずかに残っている。ここから、金は焼き付けられたのではなく、細金と呼ばれる

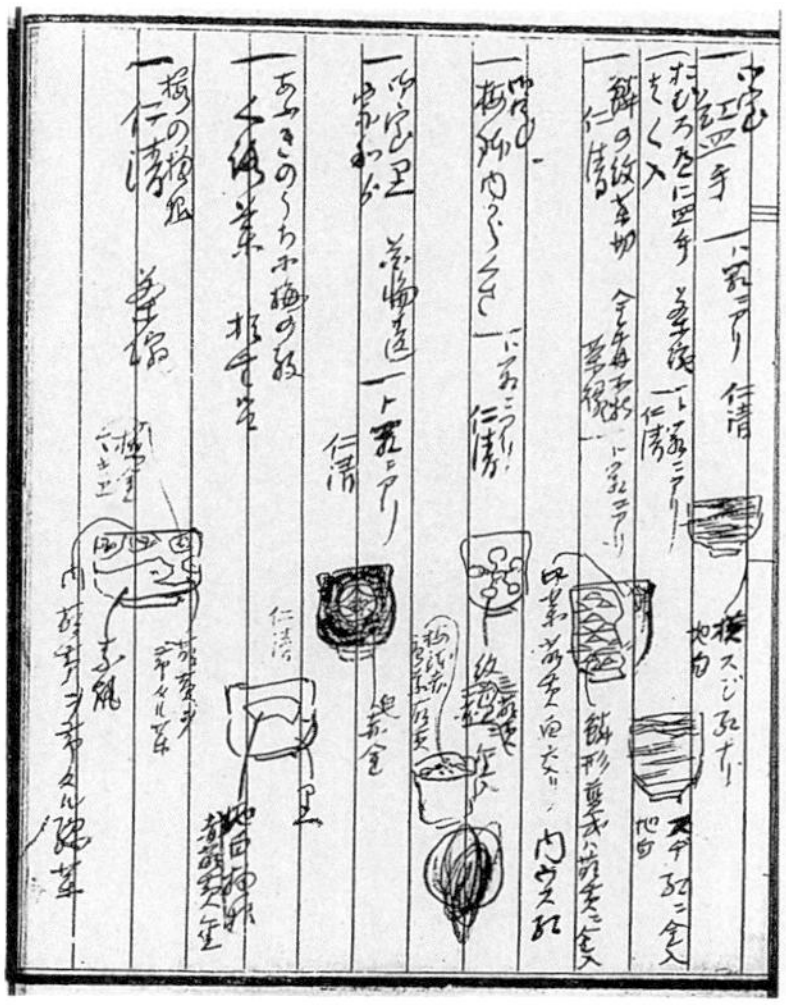

図5）
『本多氏古文書等』部分
（金沢市立玉川図書館近世史料館蔵）

細く線状に切った金箔を貼り付けた、すなわち截《きり》金《がね》の技術を用いたのではないかと考えられる。

金泥で描き、それを焼き付けたと無意識に信じこんでいた金が、じつは箔や截金の貼り付けであることが分かった。これは、御室焼の陶工のみでできることではないだろう。仁清は優れた技術をもった漆や金工の職人たちを集め、製作に参画させたのだろう。それこそが、工芸都市の京都であればこそできることであった。

金、銀、色絵の魅力

滴翠美術館蔵の「色絵結文香合」（作品No.45）は、宮中の女官の恋文の玉章をかたどった香合で、かなり大型である。底と、蓋と身の合わせ目を除き総体に施釉されている。無釉の部分に白い土が荒く塗られた痕跡が認められ、素地に白化粧したと分かる。蓋の結び目の部分には緑の唐草、赤の斜格子、紺の石畳文が施されるが、石畳文のみが釉下彩の染付である。

出土京焼などから見て、十七世紀の透明釉は若干白濁し焼成後に柔らかな手触りとなる。御室焼では多色で文様を上絵付のみで施す場合は、釉がより白くなるように藁灰などを加えたと思われる。だが、その白釉の下に染付や銹絵文を施すと、文様が鮮明に出ない。その場合は白化粧を施したのであろう。今回「色絵藤花文茶壺」（作品No.50）・「色絵山寺図茶壺」（作品No.68）・「色絵龍図茶壺」（作品No.70）にも、素地に白化粧されていることを確認した。

一方、釉を白くして、全ての絵付けを上絵にすれば、色ごとに溶解度が異なり、焼成が難しくなる。染付や銹絵で文様を描いてより多くの色を使おう、と仁清は考えたのだろう。色絵の「おしどり」（作品No.38）（作品No.39）・「鶴」（作品No.48）・「ひよどり」（作品No.49）など仁清の鳥香合が展示されているが、嘴や羽の部分は銹絵である。釉下彩・白化粧・上絵、華やかな陶器を作るため仁清は多くを試みたのである。仁清の金彩や色絵には、複雑に絡む技法を解き明かすという魅力がある。

仁清が技術を駆使したのが「色絵金銀菱文重茶碗」（作品No.20）である。最初にこの茶碗を手に取った時、不思議だと感じたのは、筒茶碗の底部から高台まで全て透明釉が掛かっていることであった。なぜ釉薬を掛けるのか。その疑問は非破壊科学分析によって解けた。

本茶碗は筒碗の胴部全体に白釉（あるいは白化粧か）を掛け、本焼する。その後、金と銀泥で上部の白地に菱文を描く。さらに赤と緑とで輪郭線を施すが、問題は黒である。黒の成分はコバルトと鉄の混合で、若干青みを帯びているのはコバルト分のためである。加えて下部からは鉛が検出されたが、白地に金銀菱の上部に鉛分が認められない。

そこから、この茶碗の絵付技法が推測できる。黒をこのまま焼けば光沢がでないので、上から艶出しのために透明の鉛釉を塗ったのである。その透明釉を高台裏まで施釉したのは、この茶碗が入れ子にして使用されたからだろう。素地を無釉で残したならば手油で汚損されてしまう。金銀が泥でしっかり焼き付けられているのもこれが使われたためで、用途が年一度の祝儀茶碗ならば金銀箔の貼り付けでもよいはずだ。

では誰が、何の目的でこの茶碗を注文したのか。東福門院御用であったと言われるが、それは伝承にすぎない。金銀菱と蓮弁の意匠はきわめて斬新で、明代の金襴裂から写したとも思われる。しかし、それがどのように使われたのか。解くべき謎が残るのが、この茶碗の大きな魅力である。

第三章　絵画・工芸意匠と仁清
―京極家の茶壺を中心に―

京極高豊の注文

土佐尾戸焼の陶工森田久右衛門は、延宝六年（一六七八）に念願の諸国の窯場を巡り、その途中に御室焼を訪ねた。『森田久右衛門日記』八月二十日条に「別ニ替たる儀も無御座候、釜所も見物仕ル、釜も七ツ有、唯今之焼手野々村清右衛門」とある。久右衛門が訪ねた他の窯の記述との比較から、この登窯が七袋の焼成室をもち、野々村清右衛門によって焼かれていたと分かる。

さらに、彼は「掛花入ニしゃくはち有、かうろニえひ有、おし鳥・きしなと有」と記載している。

尺八型の花入、海老や鴛鴦、雉などを模した香炉類などが盛んに焼成されていたのである。

この後、天和二年（一六八二）に刊行された京都の名所記『雍州府志《ようしゅうふし》』には黒川道祐が、

近世仁和寺門前仁清之所製造称御室焼、始令狩野探幽并永真等画其土上、依其画様而焼者、多矣、（返点・送仮名等略す）

と、狩野派の絵師が、絵付けに参画したと記載している。寛文頃に始まった御室焼の盛況は、この頃にまで続いたと思われる。

この時期に製作されたのが、丸亀藩京極家伝来の茶壺を含めた色絵陶群である。我々は「仁清」印の捺された作品から、これが十七世紀に御室焼で焼かれたと推測する。だが、当時の史料の記事と、伝世品が一致するものは、じつは、この色絵陶群しかないのである。

京極家の歴代当主が所蔵した書画骨董を列記した道具帳のうち、表題に元禄八年（一六九五）十二月の年次が記された『萬御数寄道具御印帳』（図6）と、享保八年（一七二三）六月の『萬御数寄道具御印判帳』に載る仁清陶と伝世品が一致する。

これらの道具帳は、京極高或《たかもち》（一六九〇～一七二四）の所持道具を記載したものだが、元禄八年では高或は幼い。したがって、それ以前で御室窯の操業期に重なるのは、祖父の高和《たかかず》（一六一九～六二）か、父の高豊《たかとよ》（一六五五～九一）のどちらかということになる。

この点については、拙著『国宝仁清の謎』で詳述したが、私はそれが高豊であったと思う。高豊は御用絵師の田中益親を師と仰ぎ、自ら絵筆を取るほどの絵好き大名であった。彼は、延宝元年（一六七三）に幕府から許可をえて、三年の歳月を掛けて江戸桜田久保田町に上屋敷を造営した。その前後に新書院を飾る道具として注文を下したと考えている。

延宝元年といえば、御室焼の最盛期である。この直後、森田久右衛門は七袋の登窯で、尺八花入や雉香炉が焼かれているのを実見した。

田中益親は駿河台狩野の当主洞雲の愛弟子で、寛文度内裏造営の障壁画製作にも携わった。高豊は益親に命じ描かせた下絵を仁清に与えた。高豊代の『萬御数寄道具御印帳』に、益親が描いた鳳

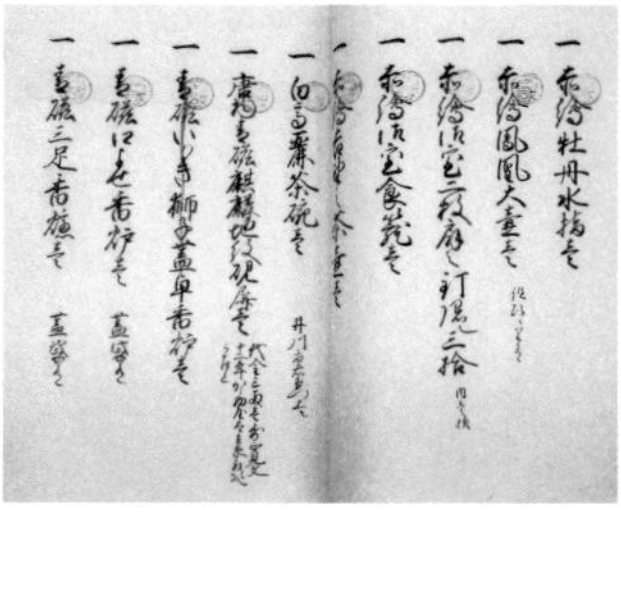

図6）
『萬御数寄道具御印帳』元禄8年（部分）
（丸亀市立資料館蔵）

凰・牡丹・菊・四季山水・吉野竜田図の屏風が認められる。それらは伝世する御室茶壺の図柄と一致する。天和二年の『雍州府志』の狩野派絵師が絵付けに参画したとの記事は、この営みによるものだろう。

色絵茶壺の諸相

絵は平面に描かれる。それと寸分たがわぬ焼物を作れとは困難な課題である。それらは三次元の立体であり、焼付けで出る色には限りがある。だが、平面を立体に描くことを手掛かりに色絵陶を見ていくと、これらが一挙ではなく、段階を踏み焼かれたと考えられる。いくつかの作品からそれを追ってみよう。

「色絵吉野山図茶壺」（作品No.66）は、早い時期の作例だろう。この作品の正面に幾重にも重なった山塊、背面に緑山に桜花が描かれる。両面は全く異なり、ちょうど二枚の異なった図を両側面に単純に貼り付けたようだ。側面の山裾の描写は不自然で、明らかに継目とわかる。多くの色が使われ、暈《ぼ》かしも入り、絵画の領域から抜けていない。

次の段階が「色絵山寺図茶壺」（作品No.68）であろう。正面上部には高い山の頂に寺院の塔、その下に二棟の伽藍があり、確かに山間の山寺図だが、下部は一艘の船と橋を渡る人物が描かれた水辺の情景である。当初の下絵は、近景に水辺を、遠景に塔と山を描いた山水図で、仁清はそれをトリミングして、壺の上下に置いたのだろう。またこの茶壺は肩衝形で表面に膨らみがなく狩野派の山水図をそのまま変えることなく布置できる。新しい試みはあるが、暈かしが強く、いまだ絵画的である。

「色絵若松椿図茶壺」（作品No.69）が次に続く。この壺を少しずつ廻してみると、胴部まで伸びた若松の間から、金彩の山脈、赤い椿の異なった文様が現われる。文様が続くのは、壺の構図の基本となる若松が次の場面で主文様を構成していくからで、いわば動き出した構図となる。上部まで掛かる黒には「色絵金銀菱文重茶碗」（作品No.20）と同じく表面に艶出しの透明釉が掛かり、一部が剝げてマット状の黒釉が見える。

「色絵吉野山図茶壺」（作品No.65）の完成度は高い。口部を除いた高さより胴径が長く、胴上部が張った円盤状の形だが、描かれた図様は何れを正面において も破綻なく、回転させると異なった桜山がつぎつぎに現われる。この壺を裏返してみると、吉野山の図様は底から放射線状に広がっている。破綻なく文様が連続していく鍵となるのが放射線構図である。金・銀・赤が基本で、わずかに緑と藍が使われる。色数は少ないが豪奢な雰囲気をもち、透明釉を艶出しに塗った黒釉が全体に掛かる。

「色絵藤花文茶壺」（作品No.50）と「色絵月梅図茶壺」（作品No.59）も前作同様に完成期の作品である。この二つに関しては伊藤嘉章氏の論考に譲りたいが、たとえば、「色絵藤花文茶壺」を上からみると、二本の藤蔓が壺の口を中心に螺旋状に側面に伸びており、さらに藤蔓の随所から藤の花房が放射線状に側面へと伸びるのにきづく。私はこれを螺旋・放射線状構図と呼んでいる。「色絵月梅図茶壺」も同様で、この構図であれば、壺を回転させても側面の構図は全く破綻なく続くのである。

完成の領域にあるのが、いまひとつ「色絵龍図茶壺」（作品No.70）である。激しく体をくねらせた龍が茶壺に描かれている。平面の絵では不自然になると思われる極端な湾曲も、立体ではむしろ効果的に作用する。金彩に赤と緑を主体にし、黒線で輪郭を描き、変色する銀は髭と爪、角《つの》にのみに施す。素地には白さを増すために白化粧が施されている。

箱横に「京極備中守」の墨書があるが、これは京極高豊のことである。高豊の道具を記載した『萬御数寄道具御印帳』には、彼の遺物として縁戚に下した「御室焼御茶壺」が認められ、この茶壺もそのような機会に京極家から出たのだろう。箱表に「京極刑部少輔殿慰為御焼候」と、高和が焼いたとあるが、これは後代の箱書と思われる。

同時代の絵画や工芸品に茶壺同様の文様が認められる。ことに梅月や藤文の小袖、蒔絵などが多く残り、この文様が馴染みの深いものであったと分かる。技術のみならず、意匠もまた工芸と共通するのである。

しかし、他の工芸に比べると、完成期の京極家蔵の仁清茶壺は、立体の陶器が作り出す曲面のかたちを見事に生かして絵付けしている。

だが、この京極家の色絵茶壺群は高豊の死とともに、御蔵入りの道具となった。これらが、再評価されて日本美術の最高峰と言われるのは、近代になってからであった。

仁清の死と御室焼の終焉

御室焼を隆盛にみちびき、窯頭として活躍した仁清がいつ死没したかは明確ではない。『陶工必用』には、乾山が初代仁清からの聞き書きを記しているため、彼が仁和寺門前に習静堂を立て移り住んだ元禄二年（一六八九）までは生きていたと思われる。

その後、『前田貞親覚書』の元禄八年九月二十六日条には「仁清二代ニ罷成下手ニ御座候」とあり、ここから死没時期が類推できる。この条には前後談がある。

加賀百万石の領主前田綱紀は、将軍綱吉の母桂昌院への内緒の献上物に五十個の香合を誂え、その折、十三個の焼成を御室窯に依頼した。御室焼香合は納期に遅れて届いたが、出来が悪く綱紀は焼き直しを命じた。奉行人葛巻新蔵が千宗室からの伝聞として上記の件を伝えたのである。結局、香合は御室窯で焼き直すことなく、伊万里焼の色絵・青磁・染付・錦手の磁器香合に変更となった。

もし、初代が存命であれば、綱紀の望みを叶えることができただろう。してみれば、初代仁清の死没も、この注文が下された頃、元禄七年頃と考えられる。

初代仁清の死没後、御室焼は急速に衰えた。二代仁清は乾山窯に細工人として参画し、元禄十二年（一六九九）八月十三日付で「仁清伝書」に署名して、その陶法を乾山に譲渡した。

御室焼は終焉を迎え、その技術は仁和寺領内に登窯を築き焼物を焼き始めた乾山に継承されていくのである。

［参考文献］
「御室窯―文献史料を中心に―」東洋陶磁学会編『東洋陶磁』十八号、一九九〇年
『国宝 仁清の謎』角川書店、二〇〇一年
『近世京焼の研究』思文閣出版、二〇一一年

色絵藤花図茶壺

伊藤嘉章

日本陶磁史上で京焼を、そして江戸期を代表する名工野々村仁清、その作品で格別高い評価を得ているものが色絵茶壺である。この色絵茶壺の代表作、国宝「色絵藤花図茶壺」(作品No.50)について見ることで、仁清の造形力と意匠構成力がどれほどのものであったかを考えてみたい。

なお、本論では仁清が絵画によって茶壺を飾ったという見方をするために、主題部分の表記を「○○文」ではなく、「○○図」としている。

1 仁清茶壺の特異性

仁清茶壺ほど奇妙なものはない。本来の茶壺とは、唐物茶壺がそれであり、腰から斜めに立ち上がり、張りのある肩に四耳が付けられる。腰から底部は露胎とし、その他すべてを黄色から暗褐色の釉が掛けられる。唐物茶壺を本歌とする瀬戸や信楽の茶壺も当然の如く同様の形状で、基本を大きく外れることはない。

ところが、仁清の茶壺群を見ると、形状において基本形とは異なったものが多く見られる。そして、装飾である。仁清以前に色絵で飾られる茶壺はない。トラディスカントジャーを瀬戸で写した茶壺を僅かな例外として、茶壺自体を絵画的な意匠で飾ることもない。

仁清のこれら奇抜な色絵茶壺群は、丸亀京極家からの注文で生まれたことは既に指摘されている。それらの茶壺に仁清はどのようにして色絵で飾り、かつてない茶壺を作り上げていったのか。そこには仁清ならではの造形力と意匠構成力が発揮されている。

2　立体を絵画で　仁清の挑戦

立体を絵で飾ることは早くから行われてきた。中国元時代の青花大壺で既にそうした試みはなされ、仁清と同時期の肥前磁器でも行われている。仁清が絵画で立体を飾るのにとった基本方式は、横長の絵画を巻き付ける手法であった。

絵画を巻き付けるのに仁清が採用したひとつの方法は、重要文化財「色絵若松椿図茶壺」（作品No.69）に代表される茶壺の造形自体の変形であった。その姿は四耳ということと口頸部の形状以外は本来の茶壺からは程遠く、その姿はむしろ肩衝茶入のそれに近い。

仁清は活動期の初期に金森宗和のもとで作陶を行っていた。『松屋会記』には慶安元年（一六四八）三月の金森宗和の茶会について、「茶入　宗和切形トテ、トウ四方也」「茶弁當ニ入レル為ト云ヘリ、仁和寺ヤキト也」という記載がある。これは宗和のもとで茶陶制作を行っていた仁清が、宗和の指示により、胴が四方という茶入を作っていたことを示す。

宗和のもとで茶陶を学んだ仁清は、確かな造形力で、唐物写の様々な形の茶入を作っていた。その上で、仁清は宗和の指示で本来の茶入にない、胴が四方という茶入を作った。こうした経験を持つ仁清にとって、茶壺の造形を変えることは、してはならないことではなかった。

造形のアレンジとしては重要文化財「色絵芥子図茶壺」（出光美術館）も、その胴部を引き延ばすことによって、絵画を巻き付けるための円筒形となるスペースが見事に作り出されている。

造形からではなく、意匠構成からの挑戦もあった。重要文化財「色絵吉野山図茶壺」（作品No.65）では、造形的には本来の茶壺から大きく離れることはない。もともと茶壺は底部から腰にかけては露胎で、画面からは切り離されている。その一方で肩の丸みとそれが口頸部に向けて収束していく所、この部分は絵画が絵を巻き付けることの最も難しい部分となる。

吉野山図では、そうした最も絵画的表現が難しくなる部分をほぼ金の雲によって埋めることで画面から切り離して見せた。屏風絵の中の金の雲のように。

3　三次元絵画へ

造形力、意匠構成力とで、仁清は茶壺という立体を絵画で飾った。それらの手法と一線を画す色絵茶壺が二つ存在する。真っ向から立体と絵画の問題に挑んだ作品としての重要文化財「色絵月梅図茶壺」（No.59）と国宝「色絵藤花図茶壺」の二つの茶壺である。

これらの茶壺では絵のための形の改変はない。それどころか、藤花図では本来の茶壺以上に球へと近づいている。そして口頸部の付け根から、丸い曲面をしっかりと絵画によって装飾しているのである。

仁清がこれらの茶壺で行ったのは、三次元絵画への挑戦であった。月梅図では、梅を主に見れば月が見えず、月を主に見ると梅はわずかしか見えないという構図となる。かつてこの茶壺を見るのに「壺の中に入ってみる」ということを提唱したことがある。本来はこの茶壺はまわりから、上から眺めていくのであろう。ここで自らを壺の中に置き、その内面から器表に描かれた満月と紅白梅を眺める…。そこに三次元絵画による月梅図が出現する。

では、藤花図ではどうなるのであろうか。この茶壺を上から見れば、藤の蔓が風にゆれて動いているることが分かる。そしてそれらの幾本かは交差している。単に口頸部の付け根から簾状に垂れ下がる藤を描くのではなく、風にそよぎ、揺れる藤花が描かれている。

この茶壺をやや下方から見上げるようにして見てみたい。たったそれだけのことで、茶壺に描かれた藤花に風が吹き、それによってそよぐ藤の花が見えてくるのである。

おわりに

色絵藤花図茶壺で仁清は、あえて色絵としての技を限定的に用いている。色絵月梅図茶壺では梅樹の幹の表現で陶磁の上絵付の常識を越えた絵画的彩色を行ったのにである。

色絵藤花図茶壺（撮影／小林庸浩）

茎と葉は没骨法で描き葉脈は白抜きとする。花は赤と銀。銀の花は赤で縁取り、赤の花は金で縁取って、僅かに赤と金による蔓が伸びている。こうした抑えた表現を取ることによって、この色絵茶壺に独特の品格が生まれた。球に最も近いその造形、緑の葉、赤い藤花、そしてかつては銀色に輝いていたであろう藤花が、立体絵画として表現された動きのある世界。色絵藤花図茶壺の完成である。

科学分析からみた色絵金銀菱文重茶碗と色絵藤花文茶壺

村串まどか・阿部善也・中井　泉・米井善明・内田篤呉

1　はじめに

筆者らは数回にわたってＭＯＡ美術館所蔵の野々村仁清作の色絵金銀菱文重茶碗と色絵藤花文茶壺の機器分析による調査を実施し、その制作技法の理解のため科学的なアプローチを進めてきた。本稿では、その科学的調査の成果について紹介する。筆者らを含め、今回仁清陶への理解を深めるべく集まった研究グループが注目してきた点の中でも、

①どのような色薬で色を作っていたのか、
②金や銀とそのまわりの色を施した順番、
③仁清陶に施された金や銀に用いられているものは箔（金箔あるいは銀箔）なのか泥（金泥あるいは銀泥）なのか、

について関心が高かった。本稿ではこの三つの観点から仁清陶を理解することを主な目的として調査成果を報告する。

2　調査方法

調査対象としたのは、本稿の題名にもあるように野々村仁清の代表的な作品である色絵金銀菱文重茶碗と色絵藤花文茶壺である。色絵金銀菱文重茶碗には赤で縁取った金色と銀色の菱型文が施され、色絵藤花文茶壺には一部の藤花が銀色に描かれており、両作品とも金や銀が用いられている。

作品の調査にはa）可搬型蛍光Ｘ線分析装置（アワーズテック株式会社製　１００ＦＡ）、b）デジタルマイクロスコープ（株式会社ハイロックス製　ＶＣＲ－８００および株式会社キーエンス製　ＶＨＸ－２００）、c）可搬型粉末Ｘ線回折装置（株式会社テクノエックス製ＰＴ－ＡＰＸＲＤ－Ⅲ）、d）可搬型顕微ラマン分光分析装置（Ｂ＆ＷＴＥＫ　Ｉｎｃ．製　Ｍｉｎｉｒａｍ）を用いた。

a）の蛍光Ｘ線分析装置は、物質にＸ線を照射し、二次的に発生した蛍光Ｘ線を検出・解析することで、含有元素の種類

や量を明らかにする装置である。本研究では主に着色成分の判別に用いた。

b）のデジタルマイクロスコープでは、作品表面について高倍率での観察を行った。

c）の粉末X線回折装置は物質の結晶構造を調べるための装置であるが、本研究では作品に施された金・銀菱が箔か泥かを判別するために用いた。

d）の顕微ラマン分光分析装置は微小な物質の分子構造を解析する装置であり、本研究では顔料の相同定のために用いた。

以上、4種類の可搬型の分析機器を複合的に用い、MOA美術館内にて非破壊で調査にあたった。

3 仁清が用いた色

仁清が用いた色を理解するには、『陶工必用』仁清伝書部分の「錦手絵具之方」が参考文献として重要である。表1に抜粋を示す。『陶工必用』は仁清の弟子である尾形乾山が記したもので、仁清の陶法を知ることができる文献である（〔文献〕岡2011）。その中の仁清伝書「錦手絵具之方」において共通する特徴としては、鉛釉としてびいどろを使っている点である。十七世紀の仁清の時代は、びいどろは組成的にはカリ鉛ガラ

表1 『陶工必用』仁清伝書「錦手絵具之方」（上絵付け釉）に記載の絵薬の原料と調合法（一部抜粋）

色	原料と調合法
赤	金珠 一匁，白びいどろ 二匁，白粉 一匁，ほう砂 三分
萌黄	白粉 八分，萌黄びいどろ 五匁，岩緑青 六分
紺	極白びいどろ 五匁，唐紺青 二匁七分，白粉 二匁
黄	白びいどろ 五匁，金珠七分，白粉 一匁五分，丹七分，
紫	びいとろ 四匁，金珠 五厘，丹 八分，白粉 二分，南京絵薬（唐呉須） 一分
白	極大白びいどろ 一味
金	金泥 一匁，ほうしゃ 二分
黒	金ハタ（鉄粉），南京絵薬（唐呉須）二色等分

スが主流であった（中井、馬場　２０１７）ので、カリウム、鉛、シリカを主成分とし、それに顔料をくわえて融解して発色させていたと考えられる。表1より、今回の資料で用いられた色薬を推定すると、赤—金珠（上々弁柄丹土）、萌黄—萌黄びいどろ＋岩緑青（クジャク石）、紺—唐紺青（岩群青：アズライト）、黄色—弁柄＋丹、紫色—弁柄＋丹＋唐呉須、金—金泥、黒—金ハタ（鉄粉）＋唐呉須と記載されている。今回は、これらの文献の色薬の原料についての記載を、実際の作品の科学分析により、科学的に検証することをめざした。

図1に色絵金銀菱文重茶碗の測定箇所を、図2に色絵藤花文茶壺の測定箇所を示す。両作品には多彩な色が見られる。色絵金銀菱文重茶碗には金や銀の他に赤、緑、黒、白が見られ、色絵藤花文茶壺には銀、赤、緑、紫、白が使われている。色絵金銀菱文重茶碗の金と銀は後述し、ここでは各色の分析結果について検討を加える。図3に色絵金銀菱文重茶碗の各色の蛍光X線スペクトルを、図4に色絵藤花文茶壺の各色の蛍光X線スペクトルを示す。図3と図4の見方として、横軸のエネルギーは各元素に固有のものであり、例えば鉄Feを検出した場合は、横軸の6・4 keV（キロエレクトロンボルト）のところにピークとして示される。縦軸の強度はその元素がどれだけ含まれているかを示す指標になり、基本的にはピークが高いほど含まれている量が多いと考えることができる。ただし、元素によって検出感度が異なるため、異なる元素の間で単純にピークの大小関係から量的な多少を判断することはできない。蛍光X線スペクトルを詳細に解析すれば、検出された元素の存在量や濃度を定量することも可能であるが、本研究では非破壊での分析を実施しているため、本稿は定性的な議論に留める。

3-1　赤

赤色は色絵金銀菱文重茶碗と色絵藤花文茶壺の両方に用いられている色である。色絵金銀菱文重茶碗には菱の縁取りや下部の装飾に、色絵藤花文茶壺には藤花（図10（Ⅵ）参照）そのものや藤花の縁取り（図10（Ⅳ）参照）、蔦を描くのに用いられている。

図3および図4に示した蛍光X線スペクトルを見ると、両作品とも赤色部分からは鉛Pbが強く検出されていることが分かる。鉛Pbは鉛丹Pb_3O_4の形で赤色顔料としても使用されるが、後述する他の色部分でも共通して鉛Pbが検出されていることから、ここで検出された鉛Pbは赤色顔料に由来するものではなく、鉛Pbを多く含む釉薬（鉛釉）、すなわち先述したようにびいどろが用いられているためであると考えられる。鉛Pb以外で赤色に関係する元素として、両作品の赤色部分からは顕著に鉄Feが検出

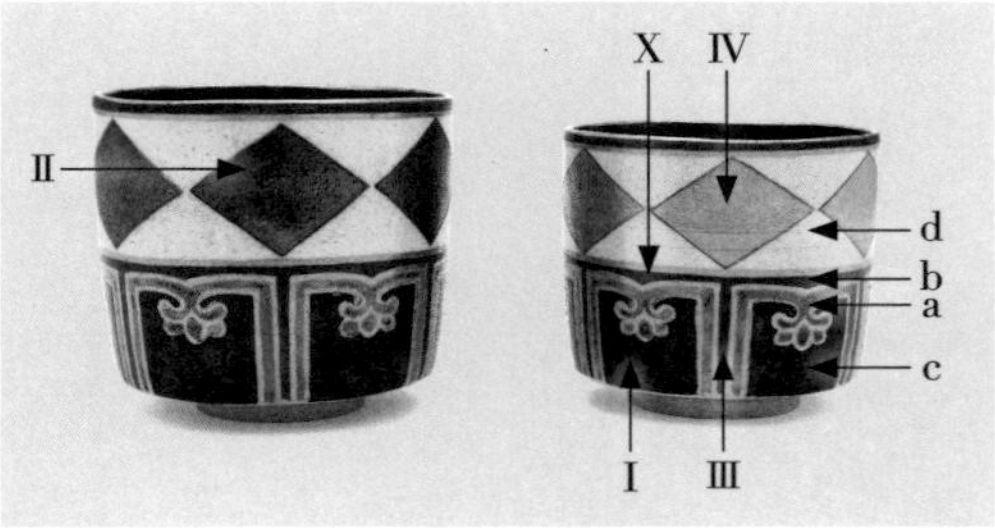

図1）
色絵金銀菱文重茶碗と測定箇所
a–d：蛍光 X 線測定箇所（図 3）、
I – IV：デジタルマイクロスコープ撮影箇所
（図 7–9、図 12）、
X：顕微ラマン分光分析測定箇所（図 5）

図 2）　色絵藤花文茶壺と測定箇所 e–i：蛍光 X 線測定箇所（図 4）、
IV – VI：デジタルマイクロスコープ撮影箇所（図 10）

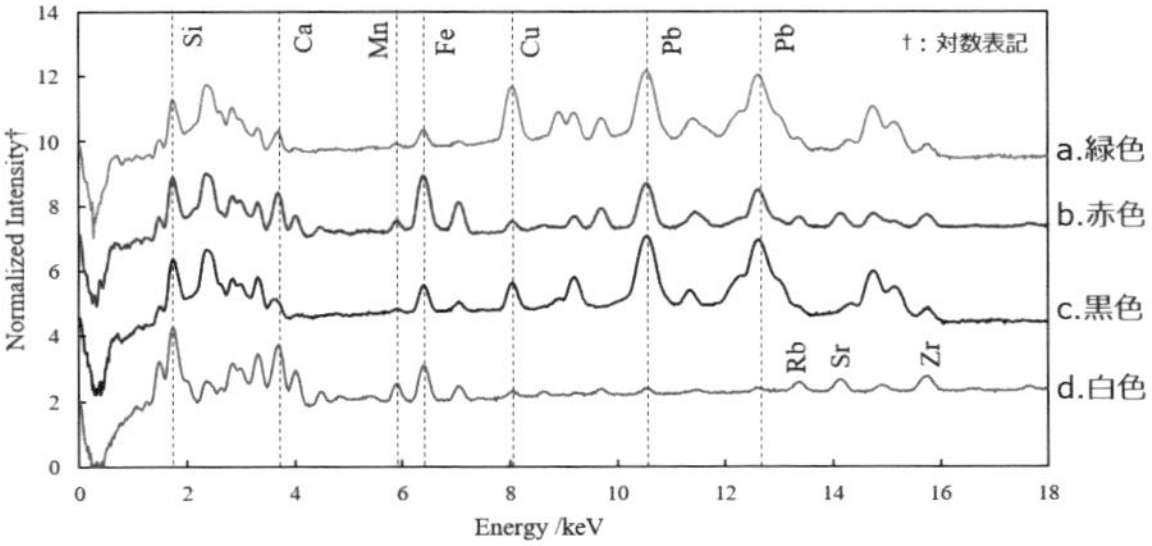

図 3）
色絵金銀菱文重茶碗に用いられた各色の蛍光 X 線スペクトル

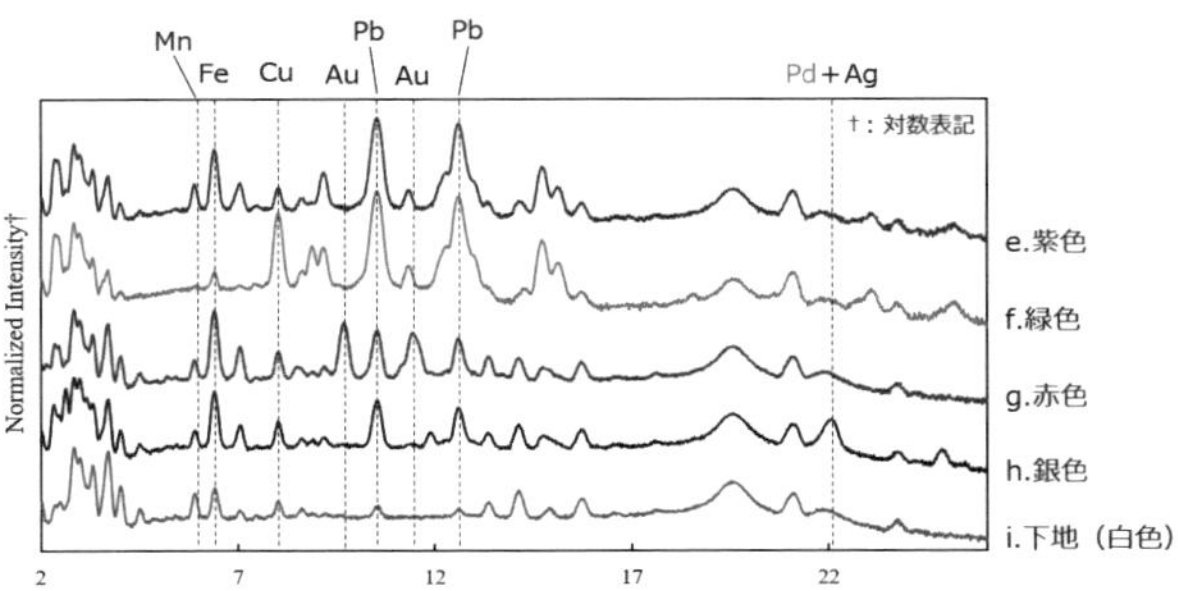

図 4）
色絵藤花文茶壺に用いられた各色の蛍光 X 線スペクトル

されたガラス相中の鉄Feについて、還元焼成によってFe^{2+}イオンの形で存在した場合には青緑色を呈するが、酸化焼成によってFe^{3+}イオンとして存在した場合には濃度に応じて黄色から褐色を示す。ただし、こうしたイオンの形で存在する鉄Feの他にも、鉄Feを含む化合物がガラス相中に散在している場合もある。実際に、赤色部分（図1（X））について顕微ラマン分光分析を行ったところ、図5に示したように赤鉄鉱（hematite：α-Fe_2O_3）であることが同定された。この化合物は赤色顔料のベンガラの主成分として知られ、本作品の赤色は鉛釉にベンガラを混ぜて焼きつけたものであることが明らかになった。表1に示した『陶工必用』仁清伝書の「錦手絵具之方」でもベンガラ（弁柄）の記載があることから、『陶工必用』の記述について科学的に実証することができた。

3-2 緑

緑色も赤色と同様に色絵金銀菱文重茶碗と色絵藤花文茶壺の両方に用いられている色である。色絵金銀菱文重茶碗では下部の装飾に、色絵藤花文茶壺では緑色で藤の葉や蔦が表現されている。

蛍光X線分析より、両作品の緑色部分からは図3や図4に示すように他の色に比べ顕著に銅Cuを含んでいることが分かった。銅Cuを含む鉛釉薬は緑色を呈し、緑釉として古代から知られたものである。7世紀頃の日本国内の施釉陶器の成立は、緑釉陶器の生産開始といわれており（［文献］齋藤　2001）、銅Cuによる緑色の鉛釉薬の利用は古くから知られていたものである。ここで再び『陶工必用』を見てみると、萌黄の項に銅の鉱物である岩緑青（malachite：$Cu_2(CO_3)(OH)_2$）の記載がある（表1）。今回蛍光X線分析で検出された銅Cuは銅鉱物の岩緑青に由来するものと推察される。

3-3 紫

紫色は色絵金銀菱文重茶碗にはなく、色絵藤花文茶壺の藤花を描くのに用いられている。

図4より、紫色には鉄Feのピークが明瞭に確認されるが、他の色よりもマンガンMnのピークをはっきり確認することができた。これは鉄FeやマンガンMnの他にコバルトCoを含む呉須（ゴス asbolane）を着色の原料に用いたものではないかと考えられる。呉須に含まれるマンガンMnは、鉛釉に使われると紫色が強く現れることが知られているおり（［文献］加藤　1987）、『陶工必用』には表1にも記したように唐呉須の記載がある。した

がって色絵藤花文茶壺の紫色の藤（図2（e））には呉須が利用されていることが判明した。

3−4　黒

黒色は色絵金銀菱文重茶碗の下部や茶碗の内側に用いられているが、内側は装置の構造上分析を行うことが難しかったため、ここでは外側下部の黒色部分（図1（c））について分析した結果を報告する。

図3より黒色部分からは鉄Feや銅Cuのピークが検出され、わずかながらマンガンMnのピークも確認された。マンガンはMn^{3+}イオンとして存在した場合に紫色を呈するが、高濃度に添加されている場合には黒色になる。ただし、今回黒色部分から検出されたマンガンMnは紫色部分よりも少なく、この微量のマンガンMnによって黒色が発現しているとは考えづらい。そこで、黒色部分の蛍光X線スペクトルを詳細に解析したところ、微量なコバルトCoも含まれていることが分かった（図6参照）。Co^{2+}イオンはごく微量であってもガラス相中で青色着色剤として機能する。よってこの黒色は、コバルトCoによる紺色（Co^{2+}）とFeによる青緑（Fe^{2+}）ないし褐色（Fe^{3+}）、Mnによる紫色（Mn^{3+}）、さらにCuによる青から緑色（Cu^{2+}）という複数の着色剤が混ざり合うことで、複合的に生み出されたものであると推定される。鉄Feの他

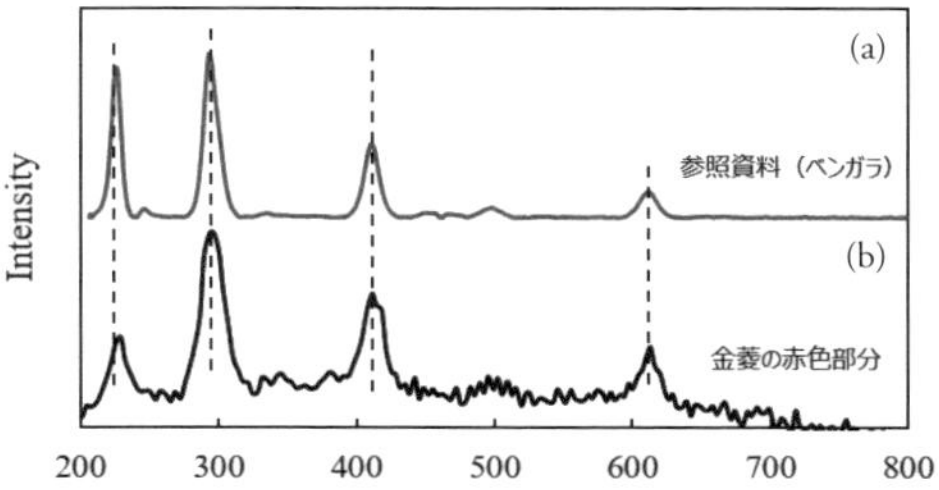

図5）
(a) 参照資料（ベンガラ）のラマンスペクトルと
(b) 色絵金銀菱文重茶碗の赤色部分の
ラマンスペクトルの比較

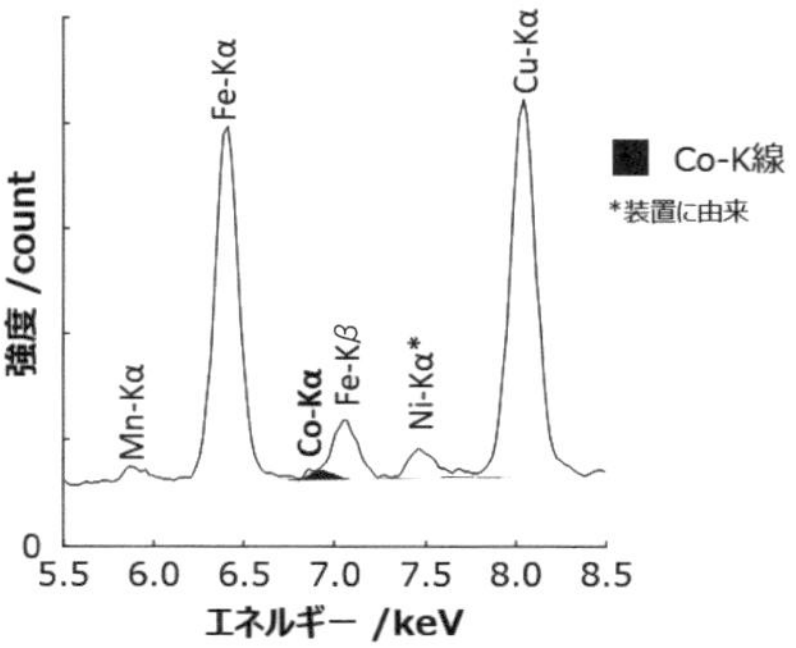

図6）
黒色部分の蛍光X線スペクトルを解析した結果、
微量のコバルトCoを含むことが明らかになった

にマンガンMnやコバルトCoを含む黒色釉薬は、中国・景徳鎮の烏金釉などの類例も知られている（加藤　1987）。さらにデジタルマイクロスコープの観察結果（図7）を見てみると、色絵金銀菱文重茶碗の黒色部分（図1（I））には長径100μm程度の赤色の斑点状の結晶が存在することが明らかとなった。この結晶の分析は現時点で行えていないが、先述した赤色部分の分析結果と合わせて考えると、微小なベンガラ粒子の可能性が考えられる。なお、ガラスやセラミックにおけるコバルトCoの紺色着色剤の利用は紀元前3千年紀末まで遡るが、コバルトCo自体が元素として単離されたのは18世紀のことであり、それ以前のコバルトCo着色剤は全て何らかの不純物元素を随伴する形で利用されていた。そのため、コバルトCoと共に検出された元素に着目することで、使用された原材料を推定することができる。今回黒色部分から検出された元素より、マンガンMn・鉄Fe・コバルトCoの複合的な酸化物である呉須（asbolane）が候補として考えられる。呉須の主要な産地としてイラン中部のカムサールが挙げられるが（Allan　1973）、中国を含めた複数の産地が存在すると考えられ、本作品に用いられたコバルトCo着色剤がどこで得られたものかは現時点では判断できない。ただ、日本ではコバルトCoはほとんど産出しないため、江戸期には中国から手に入れていたことが知られている（〔文献〕矢部　1994）。実際に『陶工必用』の黒の項には金ハタ（鉄粉）と南京絵薬（唐呉須）を用いていたという記載があり、鉄Feは鉄粉と唐呉須の両方に、マンガンMnとコバルトCoは唐呉須に含まれる元素であることから、蛍光X線分析によって得られた元素情報が『陶工必用』の記載を支持する結果となった。

3-5　白（下地）

色絵金銀菱文重茶碗の菱の周りや色絵藤花文茶壺の藤花の背景となっている白色部分には、他の色に比べて鉛Pbが含まれないことが図3や図4の蛍光X線スペクトルから分かる。したがって赤、緑、紫、黒には鉛釉薬が用いられていることに対して、白色部分は鉛Pbを含まないアルカリ釉（藁灰釉）であると考えられる。さらに白色の由来としては、アルミニウムAl、カルシウムCa、ケイ素Si、カリウムKが含まれていることから、長石やカオリンなどのアルミノケイ酸塩を利用したものと推察される。

4　菱や藤をどのように描いたか

仁清が制作した色絵金銀菱文重茶碗と色絵藤花文茶壺に描か

れている菱や藤の花は、赤色の縁取りが描かれている。赤色の藤には金の縁取りが描かれているが、紫色や銀色の藤の縁取りには赤色が用いられている。ここではデジタルマイクロスコープの観察をもとに、金や銀が使われている菱や藤の描き方について考察したい。

色絵金銀菱文重茶碗の菱（銀菱）の顕微鏡写真を図8に、茶碗の下部に描かれた金の線の顕微鏡写真を図9に示す。まず、図8の菱と赤の縁取りを見ると、赤色の描線の上から銀が施されているように観察される。一方、図9の茶碗下部に施された金の線は緑の色釉の上に描かれ、さらにその上に赤色が施されているように見える。顕微鏡観察から金と赤を施す順番が箇所によって異なっていることが分かる。

続いて色絵藤花文茶壺に描かれた（Ⅳ）紫色、（Ⅴ）銀色、（Ⅵ）赤色の藤を図10に示す。まず図10（Ⅳ）に示した紫色の藤は赤色の線の上に紫色の色釉が描かれているように見える。図10（Ⅴ）の銀色の藤も赤色の藤と同様に縁取りとなる赤色の線を描いてから銀色の色材を施している。図10（Ⅵ）も同様に縁取りの金色の描線を描き、赤色の色材を施している。以上、これら3つのパターンの藤は縁取りを描いてから紫色、銀色、赤色の釉薬や色材を描くという制作順序が推察される。

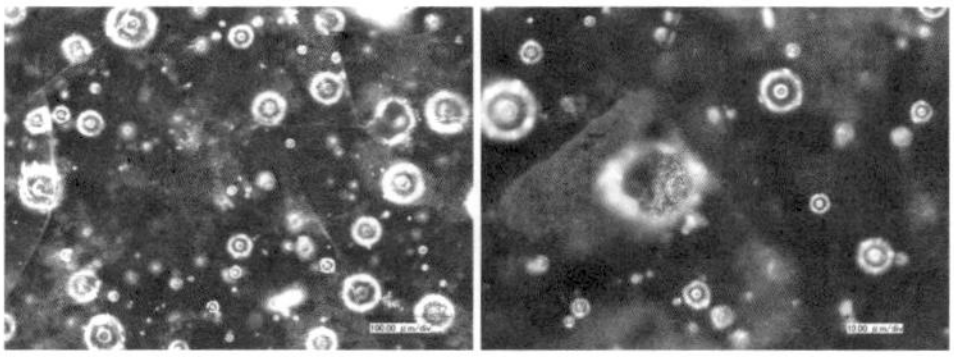

図7）　黒色部分に見える赤色粒子の顕微鏡写真（図1のⅠ / 左：500 倍、右：1000 倍）

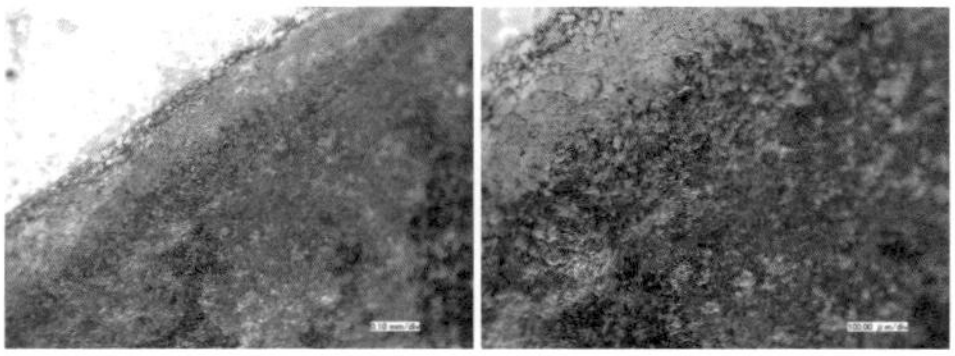

図8）　色絵金銀菱文重茶碗の銀菱（縁部分）の顕微鏡写真（図1のⅡ / 左 100 倍　右 200 倍）

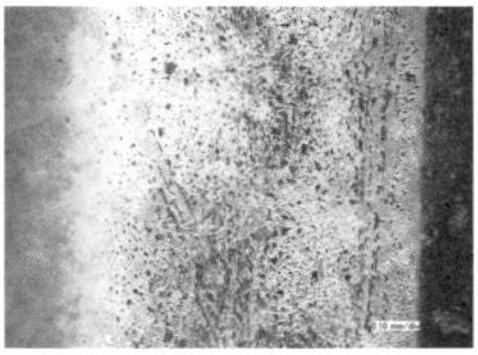

図9）　緑、金、赤の施し方を観察した顕微鏡写真（図1のⅢ /100 倍）

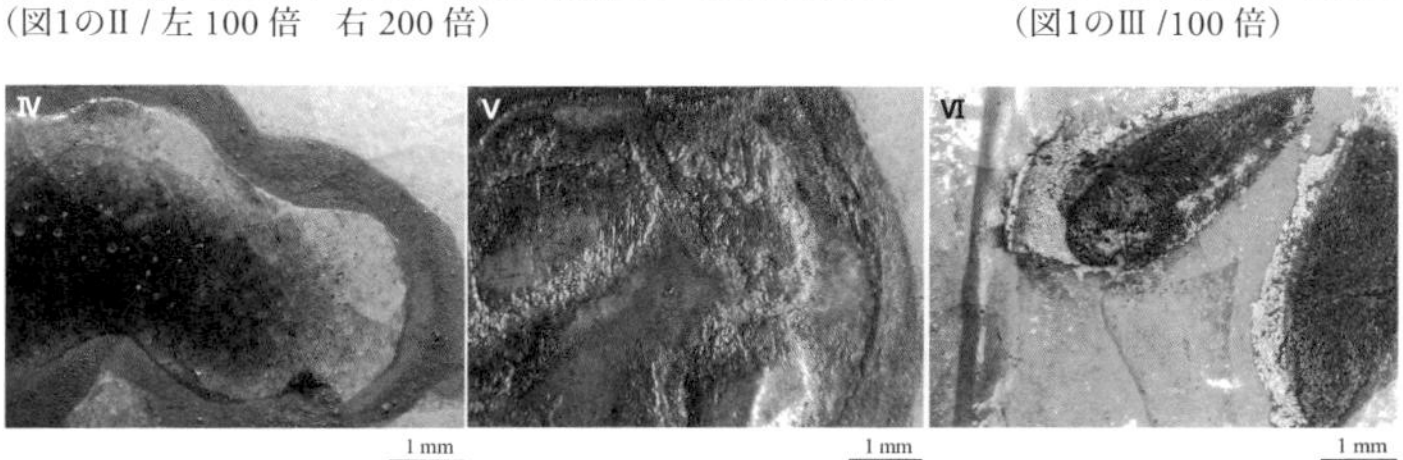

図 10）　色絵藤花文茶壺の 3 種類の藤の顕微鏡写真、左から図2の（Ⅳ）紫色、（Ⅴ）銀色、（Ⅵ）赤色と対応

5　金菱・銀菱は箔か？　泥か？

色絵金銀菱文重茶碗の技法に関する大きな問題点の一つが、金菱と銀菱が箔なのか、それとも泥なのかという点である。金属の金や銀は延性・展性に富むため、金槌で叩いてごく薄く延ばすことで、厚さ1µm以下の箔状にすることができる。これが金・銀箔である。一方の金・銀泥は、金または銀の粉あるいは箔を粉末化したものを膠水（膠を含む水）に溶いたものである。両者の大きな違いはその使い方であり、金・銀箔は「貼る」ものであるのに対し、金・銀泥は「塗る」ものである。本作品の技法を考える上で、金菱と銀菱がどちらであったかを科学的に明らかにすることは重要である。この問題と関連して、筆者らはＭＯＡ美術館所蔵の尾形光琳作「紅白梅図屏風」の金地について、可搬型の粉末Ｘ線回折装置を用いた非破壊の分析を実施し、金泥ではなく金箔製であったことを特定している（阿部ら　２０１１）。金箔では延伸の過程で金の微結晶が特定の方向を向いて整列するため（配向）、粉末Ｘ線回折装置でＸ線を照射すると、特定の面からの反射がきわめて強く検出される。一方、金粉や金泥の場合には、金の微結晶がランダムな方向を向いているため、色々な面からの反射が観測される。粉末Ｘ線回折装置は、物質にＸ線を照射したとき反射（回折）が生じ

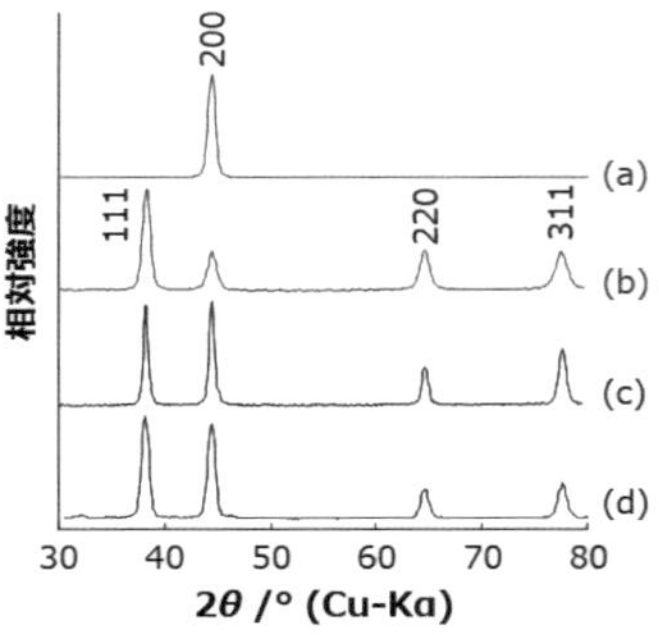

図 11）
粉末Ｘ線回折パターンの比較：
(a) 金箔、
(b) 金泥、
(c) 色絵金銀菱文重茶碗の金菱部分、
(d) 同 銀菱部分

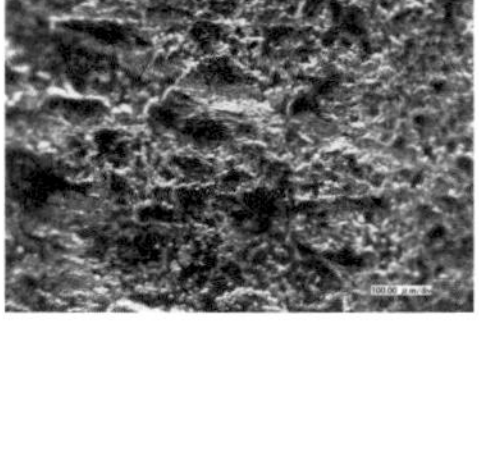

図 12）
500 倍に拡大した金菱の顕微鏡写真（図1のⅣ）

る角度（回折角２θという）を測定する装置であり、得られるデータを回折パターンと呼ぶ。金沢産の金箔をガラス板上に貼り付けたものを測定した回折パターンを図11(a)に、さらにこの金箔を粉末化して膠に溶いてガラス板上に塗布した金泥の回折パターンを図11(b)に示した。ここで示した角度範囲では１１１反射、２００反射、２２０反射、３１１反射という4つの反射による回折ピークが検出されるが、金箔においては配向によって２００反射がきわめて強く検出されていることが分かる。銀は金と結晶構造が同一であり、同様の回折パターンが得られる。ただし銀箔は金箔のように２００反射が強くなる場合の他に、２２０反射が強く検出されることもある。本研究ではこの分析手法を用いて、色絵金銀菱文重茶碗の金菱および銀菱が箔であるか泥であるかの判別を試みた。

色絵金銀菱文重茶碗の金菱および銀菱部分について得られた回折パターンを図11(c)、(d)に示した。金菱、銀菱ともに、回折パターン上に4本のピークが明瞭に検出されており、比較として示した金泥の場合と類似していた。この結果は、本作品の金菱および銀菱が金・銀箔を貼り付けたものではなく、金・銀泥を塗り付けたものであることを示している。そこで金菱部分について、５００倍で撮影されたデジタルマイクロスコープの観察結果を図12に示した。一見すると均一に金が存在するように見えるが、粒子のように立体的に盛り上がっている様子が見て取れ、粉末X線回折の結果が支持された。ただし、金菱および銀菱の回折パターンをよく見てみると、金泥に比べて２００反射がやや強く検出されており、わずかながら金・銀の微結晶が配向した状態になっていることが分かる。絵画や書においては、金・銀泥が乾いた後で猪の牙などで磨くことで光沢を与える「瑩《えい》」と呼ばれる処理が施されることが多いが、これも金・銀箔製造時の延伸過程と同様に、金や銀の微結晶を配向させる働きがある。よって本作品の金菱および銀菱部分についても、金泥または銀泥を塗り付けた後で、光沢感を高めるために、瑩のような処理が施された可能性が考えられる。

6　まとめ

仁清の代表的な作品である色絵金銀菱文重茶碗と色絵藤花文茶壺を対象に、筆者らが実施した科学的調査で、作品に用いられた色に関する情報、金や銀の施し方、そして金や銀の箔と泥の識別について明らかにすることができた。また、色薬の原料については、『陶工必用』の仁清伝書部分の記述と、科学分析の結果とがよく対応することが分かった。これらの知見は真贋の判定にも役立つ可能性がある。ここで得られた情報は、仁清陶の制作技術のさらなる理解の一助になることが期待される。

最後に数回にわたって行われた調査において、共同チームの根津美術館・西田宏子氏、大手前大学・岡佳子氏は文系サイドから種々の問題を提起された。そして、陶芸家・十七代永樂善五郎氏、漆芸の人間国宝である室瀬和美氏からは、工芸作家の立場から制作技法に関する重要なご教示をいただいた。諸氏の知見を理化学的に解明することで、研究が大いに進展したことに感謝申し上げる。また、東京理科大学中井研究室に所属していた今井藍子氏、新井沙季氏、赤城沙紀氏、川口知樹氏に現場での分析の補助をしてもらった。この場を借りて謝辞を述べる。

［文献］

尾形乾山
「陶工必用」大和文華館蔵　コロタイプ複製本、大和文華館、１９６４年。

Allan. J. W.
1973　Abū'l Qāsim's treatise on ceramics. Iran 11 111–120.

加藤悦三
１９８７「化学と教育」35（6）、５０２-５０５。

矢部良明
１９９４「日本陶磁の一万二千年」平凡社、３６３-３７１。

齋藤孝正
２００１「国立歴史民俗博物館研究報告」86、１８５-１９８

岡佳子
２０１１「近世京焼の研究」思文閣出版、１７２-１９９。

阿部善也、権代紘志、竹内翔吾、白瀧絢子、内田篤呉、中井泉
２０１１「分析化学」60、４７７-４８７。

中井泉、馬場慎介
２０１７「江戸のガラスの化学組成、和ガラスの美を求めて―瓶泥舎コレクション」ＭＩＨＯ ＭＵＳＥＵＭ　２１６-２２７。

［付記］

本稿は科学研究費助成事業基盤研究（Ｃ）「野々村仁清と十七世紀の京焼研究―出土遺物・在外京焼と化学分析を中心に―」（研究代表者　内田篤呉・課題番号１６Ｋ０２２９４１６）による研究成果の一部です。

解題『平田職直日記』茶の湯関係記事について

岡　佳子

はじめに

宮内庁書陵部図書寮文庫は、延宝七年（一六七九）から宝永四年（一七〇七）にいたるまでの『平田職直《もとなお》日記』を所蔵している。本稿ではその日記から茶の湯関係記事を抜粋して翻刻し、解題を加えた。だが、全ての日記に関係記事があるわけではない。検索を加えたところ、総計四十六件が認められたため、それぞれに番号を付し、年代順に並べた。また本解題で取り上げた記事には（　）に番号を入れて随時掲載している。

ここでは、筆者である平田職直と出納《しゅつのう》平田家から話を始め、ついで職直の茶、彼が出仕した近衛家熈の茶の湯とその特色、宮廷・公家の茶の湯の様相について、ことに本展で取り上げる仁清御室焼や宗和好みなどを中心に述べていきたい。

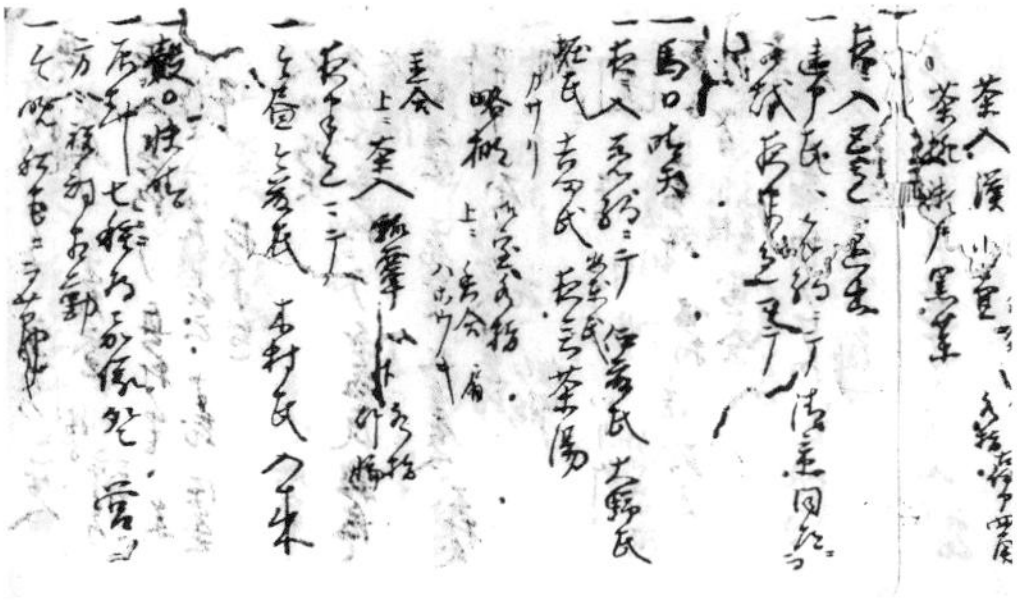

『平田職直日記』
②延宝８年１月６日条
（宮内庁書陵部蔵）

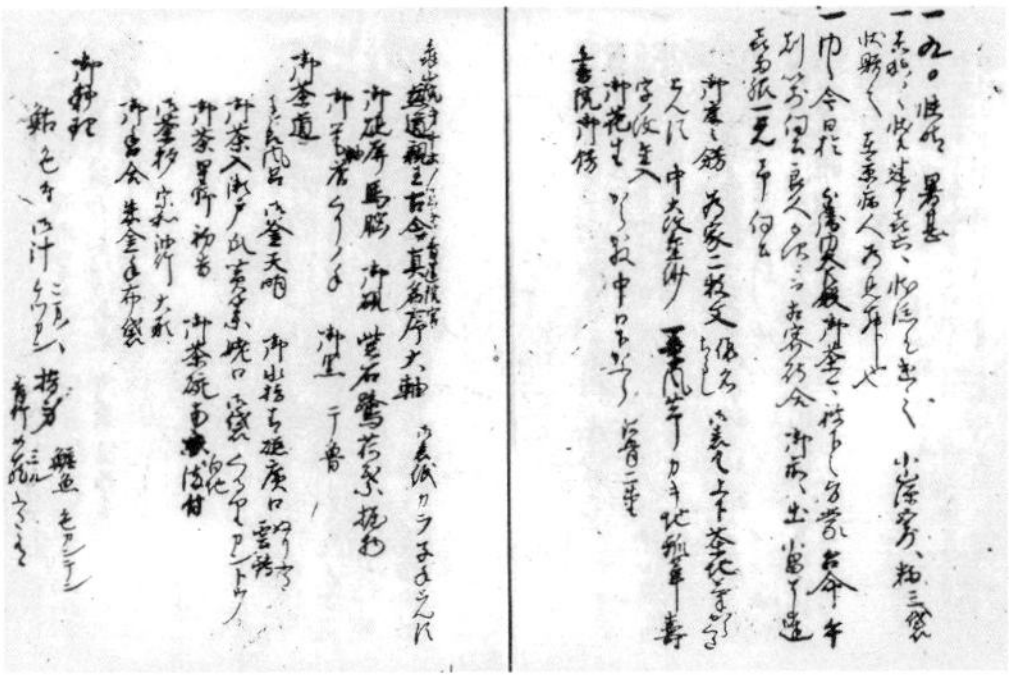

『平田職直日記』
㉜貞享３年６月９日条
（宮内庁書陵部蔵）

平田家と平田職直

本日記の著者である平田職直（一六四九〜一七四二）は江戸時代前期の出納平田家の当主である。平田家の本姓は中原氏、中原祐安の子職国を祖とした家である。平安時代末期から歴代の当主が蔵人所出納に任じられたが、室町末期から出納役は平田家の世襲となった。

ことに江戸時代初期に活躍した平田職忠（一五八〇〜一六六〇）は、有職故実を学び、後陽成上皇にその才能を寵愛され、地下官人では異例の院への昇殿を許された。叙任は正四位上大蔵大輔にまで至ったが、息子晃海が天海の門人であったため江戸幕府とも深い関わりをもった。幕府による地下官人制度の再編が行われるなか、出納平田家は、局務押小路家、官務壬生家と並び、催として蔵人方の地下官人六十余家を統率し、儀式・公事を主宰することになる（註1）。

職忠の後、平田家は職在（一六〇六〜一六八六）、職央（一六二〇〜一六九八）と代を重ねた。職直は職央の次男で、長男の職正が天和元年（一六八一）に四十三歳で死没したため、嫡子となり平田家とその職務を継承する。

職直は慶安二年（一六四九）五月十一日に生まれた。兄の死没の直後である天和二年、三十四歳で正六位上戸豊後守に叙任されており、それは兄の死没にともない職直が出納平田家を継承すると決まったためだろう。貞享三年（一六八六）に従五位下、元禄四年（一六九一）に従五位上、元禄十二年に正五位下、宝永二年（一七〇五）に従四位下、元文三年（一七三八）に従四位上に叙任され、長寿を保って、寛保二年二月二十六日に九十四歳で死没した（註2）。

職直の茶会と御室焼

宮内庁書陵部が所蔵する『平田職直日記』は、延宝七年（一六七九）正月から始まるが、翌八年、職直三十二歳の正月から三月にかけて茶の湯関係記事が認められるようになる（①〜⑧）。また、同八年には牛日（①）、馬日（②）の記述があるが、これは正月五日、六日を示す。人日（③）は本来七日のことであるが、職直は誤って八日に使っている。

この延宝八年は、彼が知人を招いて行った夜会や飯後の茶事の記録である。参加者の来歴は、これから推定せねばならないが、彼らは権門の家司や地下官人たちと思われる。

「九前迄稽古」（①）、「伊藤氏ヨリ呼ニ来、九前ヨリ参、茶之稽古」（⑧）と職直は稽古を重ね、また「今日伝碩へ初茶湯」（①）と初めての茶の湯の記載が認められることから、自らの創意で茶事を始めた時期と思われる。

さらに、延宝八年の記載によって彼が当時所持していた道具類が明確になる。具体的にいえば、床に藤原定家の息子で鎌倉初期の歌人である藤原為家の切を掛け（①③）、茶入は唐物小壺（①③）と瓢覃（②④⑥）、八代焼茶入（⑦）も認められる。茶碗は瀬戸黒薬（①）・高麗（④⑥）・聚楽焼（⑦）、すなわち楽焼茶碗である。水指は信楽（④）と古伊部四角（①③）などで、諸国の焼き物を揃えている。そのなかで、彼が最も大切にし、棚や茶席の中央に飾ったのが、御室焼水指（②⑦）であった。

本展覧会は仁清御室焼に関わるものであるから、まず、職直周辺の御室焼に触れてみよう。彼は御室焼を所持するのみならず「上田藤兵へへ先日之返事并御室焼井筒之水指遣之」（⑬）、「一、御室焼茶入袋有、山名道与へ」（⑮）と御室焼の水指や茶入を贈答品として用いている。

また、「水指　御室ひつミ」（㉙）、「水次　御室ろくろめ」（㉞）と、歪み、轆轤目といった御室水指が認められる。これらは近衛家の茶会のために平田職直が持参したもので、このいずれかと彼が自会で用いた御室水指とが同一であった可能性もある。近衛家の茶会の懐石具にも、「御室焼御茶碗」（㉝）、「御室焼御平さら」（㉞）などが認められ、十七世紀後半の公家たちによる御室焼受容が明確になる。

近衛家凞の茶の湯

近衛家の茶席に認められる御室焼について述べたが、『平田職直日記』の特色は、天和三年（一六八三）以後の記事の大半が近衛家の茶会だということである。

先に記した延宝八年の記事は彼が茶の湯を始めた当初の自会の有様で、ここは私的日記の側面が認められる。しかし、天和二年に豊後守に任じられ、兄に代わって嫡男となって以後は、儀式や事務に関する記述で占められるようになる。父の職央はいまだ存命であったが、記録者としての役割は職直に移ったと思われる。

だが、そのなかで、近衛家、すなわち陽明御所の茶会の様相は克明に記載されている。おそらく、職直にとって近衛家への出仕は役務と同様の比重をもったと思われる。

近衛家の茶会の初見は、天和三年三月十日条（⑩）で、下記のように記載される。

近衛大納言様へ伺公、八過御囲へ通り候様ニ被　仰候而、豊岡将曹と両人、大御所様御居間之御囲へ伺公ス、御茶湯也

近衛大納言は十七歳の近衛家凞（一六六七〜一七三六）、大御所様は彼の父の近衛基熙（一六四八〜一七二二）であろう。この日、

大御所様の居間の御囲で行われた茶会では、床に西行の和歌軸を掛け、釜は利休霰釜、棚に堆朱香合を飾った。豪華な懐石が振る舞われ、中立後の床には白柳と椿を活けた常修院宮慈院法親王作の竹花入を掛け、南蛮四角水指、さ、耳茶入、新渡高麗三島茶碗、金森宗和作の茶杓が茶事に使われている。

この後、詳細に記録されている近衛家の茶会は十九回におよぶ。そのうち天和三、四年では職直は「近衛」「陽明御所」に伺公したと記すが（⑫⑰⑳㉒㉓㉕）、貞享二年には「左大将」への伺公へと変わり（㉗㉙㉚）、貞享三年になると「内大臣」となる（㉜㉞㉟㊲㊳㊵～㊷）。

一方家凞の来歴をみると、貞享元年（一六八四）、十八歳で権大納言左大将東宮大夫に、同三年には二十歳で内大臣に任じられており、これらが家凞の茶会であったと分かる。また天和三、四年の陽明御所の茶会も家凞主宰の可能性もある。

近衛家凞の茶の湯は山科道安が著した『槐記』に詳しいが、これは家凞五十～六十代の晩年の記録である。だが、『平田職直日記』は家凞十七歳から二十歳までのもので、家凞の若年の頃の茶の湯の実相を知ることができる貴重な記録である。

家凞の周辺と宗和好み

では、『平田職直日記』に現れた家凞とその周辺の人々の茶の湯はどのようなものであったのだろうか。主に、その道具から考えてみよう。

近衛家の初見記事において床の掛物が西行の和歌であったことにも現れているように、御囲の床に和歌切が掛けられることが多い。「一休木葉色紙」（⑫）や藤原定家の「定家卿五首切」（⑰）、「定家卿記録切」（㉗）などの古筆切が認められる。定家のみならず、姉の坊門局の「定家卿添書之文」（㉚）、息子藤原為家の「二枚文　仮名ちらし」（㉜㊵）も飾られた。小堀遠州によっても定家切は賞玩されているため、これが公家の茶の湯の特徴とは言い切れない。

しかし、顕著にみられるのが、宸翰や宮方筆の書画を床に飾ることである。家凞の母は品宮常子内親王で基熙に嫁いだが、彼女の父の後水尾院や兄弟たちの書画がかなり認められる。

家凞の茶会で後水尾院の宸翰「秋深きの御製」に息子の奈良一乗院門跡真敬法親王が絵を描いた懸物が使われた（㊷）。御書院に妙門院宮尭恕法親王筆「竹ニ嶋ひよ鳥之絵」を掛け、囲にはその兄の「後西院御製震（宸）翰」を懸物に用いた茶席も認められる（㉝）。家凞が穂波三位経尚を招いた茶会の御小座敷の懸物は「細キ竪物　妙門宮御筆　枯木ニ鳥」と、堯恕法親王作の絵である(40)。職直は穂波経尚自身の茶会にも招かれたが、そこでの床の懸物は「後水尾院震（宸）筆御懐紙」であったと記載している(44)。

ついで、床の棚飾りや中立後の道具では、金森宗和と関わるものが多いことが特色である。なかでも宗和が削った茶杓数が圧倒的で、家凞はもとより陽明御所に出仕する人々の茶会でも「御茶杓　宗和」が使われ(17)(18)(22)(32)(34)(40)、後西院から御拝領した「御茶杓　宗和」(33)も認められる。宗和が切った竹花入では「二重筒」(18)、「輪口筒」(43)がある。「花立ニ　瓢覃　宗和」(29)は宗和が選んだ瓢簞の花入であろう。釜では「宗和　アコタナリ」(17)、釜屋宗左が製作した「筋釜宗和」(43)があり、「香合　宗和車」(29)、宗和が選んだ鶴の羽箒(29)(34)、また「宗和所持　坊主手」の茶入(25)も認められる。「懸物　宗和表具」(34)は宗和が選定した裂で仕立てた表具である。懐石においても「御椀　黒ぬり　宗和形」(33)、「椀　宗和形　ふち朱ノ山道」(39)、「新度碗黒　宗和形」(43)と宗和形の塗椀が使われる。

さらに、「御茶入　長茶入　宗和切形　蓋袋同前」(34)と宗和切形で、宗和が選定した蓋・袋が付いた長茶入が認められる。後述するように、『真敬親王日記』から、これが御室焼茶入であることが明確になる。してみると「宗和形　ゑふこ水指并くわかた花入」(35)といった宗和形の平蓋水指や鍬形花入も形状に創意をもつ御室焼ではないかと思われる。

宗和の指導によって生まれた御室焼は形と釉掛けに創意をもつ瀟洒な茶陶である。これらは、宗和が存命であった十七世紀中期の御室窯の始まりの時期に、創始された意匠であった。宗和は江戸や地方の武家たちに向けて京の意匠を込めた御室焼を創始した。たしかに近衛家とは関係をもったが、存命中から宮廷と公家社会において、茶の湯を指導したとは言いがたい。

だが、宗和の没後に宗和流の茶は宮廷に浸透していったのであろう。御室焼の使用が宗和流の受容を支えたのである。

加えて、御室焼の受容とともに、家凞周辺で御室焼と同時期、十七世紀後半に操業した京都の窯場の茶陶が認められることも触れねばならない。

天和三年十一月の陽明御所の茶会では、「御囲ヨリ御居間へ被為成、粟田口焼物共御取寄被置候て御覧」と寛永元年（一六二四）に創業する東山青蓮院領の粟田口焼物の御覧が行われた(22)。貞享二年二月の家凞の茶会では棚に「粟田口鷺之御香合」を置き、水指は「粟田口ひしなり」、懐石の香の物を「鉢粟田口」に入れている(27)。その後、職直は亳摂寺に「粟田口茶碗壱」を持参し(28)、家凞の茶会で「粟田口松之葉筒茶碗」が使われた(29)。これは根引きの若松を銹絵で描いた筒茶碗であろう。

東山妙法院領で焼かれた音羽焼も使われる。貞享三年六月の家熈の茶会で「音羽堆朱手」の香合が棚に置かれる（㉝）。同年十月の茶会は、「音羽焼白薬 首ノ細キ花入」、「御水指 音羽長キろくろめとも蓋」「御茶碗 かき薬御器音羽」と音羽焼ばかりの道具組であった（㊷）。穂波経尚の茶席にも「御水指ゑふこともふた音羽焼」と「御茶わん 音羽御器手」（㊵）が認められる。音羽焼は白釉の細首花入、堆朱手香合、御（呉）器手茶碗など、宗和好みの優美な造形である。

後西院の御庭焼で洛北田中村に窯があった野上（神）焼の記事もみえ、職直が贈答にもちいた「野上焼之茶碗」（㉔）、家熈の茶会でも「御水指 野上惣黒流 下細」（㉝）が使われ、喜多脇一元が家熈の茶会に持参した「水指 野上焼四角」（㊱）が認められる。かつて、洛北深泥池の畔に窯があり、当時は洛中で店を構えていた御菩薩池焼の「御茶碗 菩薩池焼」も家熈茶会に使われた（㉞）。

御室焼を含めて、粟田口、音羽、野神、御菩薩池焼の茶陶は古くから伝来した名品ではない。これらは当世に京都で焼かれた新規の焼き物である。

家熈とその周辺の茶人たちは、「古」に拘わることはなかった。「御茶碗 新渡高麗 とくさの絵」（⑩）、「御茶碗 新渡高麗」（㉝）と倭館で焼かれた日本に渡ってきたばかりの高麗茶碗、中国から今来た「香合 新渡 青貝」（㊹）、これらを茶席に引き出した。「御水指 新信楽」（㉒）と今出来の信楽水指や「御茶碗 新 御香合 新」（⑫）というように、茶碗も香合も新規のものを用いている。

茶会では「御水指 南蛮四角」（⑩）、「御茶わん 高ハらこよみ手」（㉗）、「御茶碗 奥州仙台焼 今年城主初而申付候也」（㊱）、「御茶碗 萩」（㊶）、「御茶碗 日向焼 黒茶碗」（㊹）、「水指 あんなん せい高」（㊹）と、高原焼・萩焼・日向焼・安南・南蛮、そして伊達家の御庭焼と思われる仙台焼など各地の窯から茶陶が取り寄せられている。

新規のもの、地方窯の茶陶類は、共通して宗和形、すなわち優美で独創的な形をもつものであったと考えられる。

その中心にあったのが、後水尾院とその一門の宸翰と絵であったとみることもできるだろう。姿さえよければ、新規のものを積極的に取り入れる、それが十七世紀後半に成立してきた宮廷・公家の茶の湯であったともいえるだろう。

公卿と地下の交流

谷端昭夫氏は『後西院茶之湯記』・『一乗院門跡入道真敬親王日記』や品宮常子内親王の日記『无上法院日記』などをもとに、

禁中・公家茶の湯が十七世紀後半に形を整えていく過程を論じておられる（註3）。それを補強する記録が、この『平田職直日記』だろう。

加えて、これらの史料を照合させることから、新たなる知見が得られる。ことに、『平田職直日記』と重なるのが、後水尾院の息子で、奈良一乗院門跡となった真敬法親王の日記である。『一乗院門跡入道真敬親王日記』（註4）（『真敬親王日記』と略す）貞享三年六月十七日条には、下記の件が認められる。

今日於内府亭、出納豊後守茶持参振舞也、
床月庵墨跡宗和表具也、前ニ三足卓爾鶏香炉、古備前釣舟芦屋釜也、青貝香合、宗和好ノ長茶入御室焼、宗和作之茶杓等也、

同日の記事が『平田職直日記』に認められ（㉞）、茶会の様相が懐石にいたるまでの細部が分かる。だが、『平田職直日記』では「月庵横物」とのみ記されている床の掛物は、じつは宗和による表具がなされており、「釣舟」花入は「古備前」であったことや、「御茶入　長茶入　宗和切形」とのみ記されていたものが「御室焼」であったことも『真敬親王日記』から明確になる。

そのほかにも共通する記事がある。『真敬親王日記』六月二十一日条には、

一、於内府亭、北脇一元持参、仇英山水絵、春屋墨跡也

とあるが、これは㊱の記事と照合することができる。六月二十六日条の下記の件は㊲に詳細な内容が記載されている。

於内府亭小畠了達茶持参、昼以後参彼亭令相伴了、楊月墨絵竹ニ鳥、辛津水指、めんとり茶入赤地金ラン袋、野村新兵衛茶杓、宗和筒ニ花活之、茶後参品宮即刻退出、

わずか数行の『真敬親王日記』の記載が『平田職直日記』を補うこともできるのである。

興味深いのはこの共通する三件の記事で、真敬法親王が家凞のもとを訪れた茶会が、「出納豊後守茶持参振舞」「北脇一元持参」「小畠了達茶持参」と記載されることである。出納豊後守は平田職直、北脇一元と小畠了達は近衛家出入りの能役者であり、茶の後に演能が行われている（㉜㉞）。

この「持参」という言葉の意味は『平田職直日記』から明確になる。「（職直が）持参仕道具之覚」（㉞）、「一元持参之道具」（㊱）、「了達持参之道具」（㊲）とあり、続けて持参の道具類が列記されているのである。すなわち、この日の家凞の茶会の道具は、職直、一元、了達などの地下官人や能役者たちが持参したものであり、家凞のみならず真敬法親王までもがそこに参画して彼らの趣向を楽しんだのである。

これらばかりでなく、天和三年十一月九日の陽明御所での茶会は喜多脇五左衛門持参の道具類で仕立てられ（⑳）、貞享二

年四月十六日の茶会の道具類は職直が持参している(29)。この時期の家凞の茶会は、彼自身の道具のみで仕立てられるのではなく、出入りする地下の人々が持ち込んだ多彩な道具で構成されたのである。

たとえば、喜多脇五左衛門持参の道具は、懸物が「萱葉之達磨」、「御所之御物」の芦屋釜、「行喜焼」の懸花入、水指が「古シカラキ」茶入が「源十郎」であった(20)。これは、家凞の茶席にはほとんど認められない道具である。家凞はそれを楽しんだに違いない。

してみれば、この時期に成立した宮廷・公家の茶席は公卿と地下が交流する場であったとみなせる。その生き生きとした流動性もまた、新規の道具を積極的に使うという側面とともに、宮廷・公家の茶の湯の特色といえるだろう。

松屋名物の披露

『平田職直日記』茶の湯記事で最も興味深いのは、宝永四年(一七〇七)五月三十日条である(46)。職直は五十九歳、日記最後の巻の記事でもある。

この日、職直は勧修寺家の家司袖岡内匠から、一通の書状を受け取った。そこには、奈良の塗師松屋の現在の当主、土門源之丞と息子の掃部が上洛し、伝来した名物や古物を持参してきた。「万一被所望ニ候ハヽ、追付御入来可被成様ニ内証可申入旨」と、もし所望するのであれば、勧修寺家に来訪してほしいと書かれていたのである。

その夜、早速職直は勧修寺家を訪れ、土門父子と会い、松屋名物を拝見した。松屋名物は、徐熙筆の鷺絵軸、唐物茶入の松屋肩衝、存星の長盆だが、この折に、源之丞はすべてを京に持ち込み、加えて珠光が古市播磨に宛てた心の文の軸までを持参した。職直はこれらの名物について、軸の装丁、大きさ、源之丞が語った道具の由来を詳細に書き記したが、松屋肩衝は「松葉肩衝」と誤って記載している。

また、源之丞はこの折に、宮中の女房の縁をたより、霊元院の叡覧に供するつもりであること、また輪王寺宮もまたこれらを見たいと申し出ていると語った。

さらに、宝永四年の三月十一日に松屋屋敷が火災で類焼したが、名物は幸いにも残った。しかし、屋敷にあった紹鷗の六帖茶座敷と小堀遠州の三畳台目の数寄屋は焼失したという。

永島福太郎氏は、霊元院の叡覧や松屋屋敷の類焼について、東大寺所蔵史料を用いて指摘しているものの、その年次については誤りがある(註5)。だが、この『平田職直日記』によって、それが宝永四年三月の出来事であったことが判明する。また、松屋名物披露の次第が臨場感をもって記載されている。

土門源之丞が松屋三名物と珠光心の文を持参したのは、おそらく焼失した屋敷を再興するための資金を、名物を売却することで得ようとしたのであろう。だが、霊元院の叡覧に供したにも関わらず、松屋名物は京都で売却することはできなかった。

珠光、紹鷗、そして利休へと賞翫された古典的な奈良の松屋名物は、姿さえよければ、新規の道具を積極的に取り入れるという革新的な宮廷・公家の茶の湯では求められなかったのだろうか。

おそらく、十七世紀後半のこの時期は、宮廷の茶のみならず、千家を中心とするわび茶、遠州から石州へと続く大名茶と、それぞれの階層が異なった茶の湯をしっかりと確立させていく時代であった。松屋名物が公家に受け入れられなかったことが、それを裏づける。

［註］

1　中村一郎「出納平田家とその記録」『高橋隆三先生喜寿記念論集　古記録の研究』続群書類従研究会、昭和四十四年

2　三上景文著「地下家伝」『日本古典全集』日本古典全集刊行会　昭和十一年〜十二年

3　『近世茶道史』第二章第一節禁中・公家茶の創造、淡交社、昭和六十三年

4　東京大学史料編纂所蔵、茶の湯関係部分が水谷川紫山氏により、「三菩提院御記抄」（『日本の茶道』昭和十一年〜十四年）として翻刻されている。

5　土門家については、永島福太郎氏による『松屋会記』（茶道古典全集第九巻　淡交社）解題に詳しいが、氏は霊元院への上覧が宝永三年四月で、類焼が宝永元年四月と記載している。

『平田職直日記』に多くの茶の湯関係記事があることを宮本圭造氏（法政大学）からご教示いただいた。また、岡村喜史氏（本願寺史料研究所）からは翻刻に関してご助力を賜った。末尾ながら、深く謝意を表したい。

翻刻『平田職直日記』茶の湯関係記事

校訂　岡　佳子
翻刻　岸本香織

凡例

一、翻刻には常用漢字及び通行の字体を使用した。但し、固有名詞については、旧漢字のままとした部分もある。
一、翻刻にあたっては、原本の体裁を尊重しつつ、茶会記の部分については形式上の統一をはかった。また文章には適宜、読点及び並列点をほどこした。
一、虫損・汚損等による判読不能文字は、□で示した。
一、抹消・改変については、改変後の文字を優先した。
一、校訂者による注記は（　）で付した。

①延宝八年一月五日条

牛

一、快晴
一、巳上刻、八太・四郎左・助九・十右・三四・左馬鑓持遣初入来、九前迄稽古
一、今日多儀ニ而之節、巳下刻妻子罷越、昼ヨリ参賀
　中田氏・中村兄弟
八過右之祝仕舞候て近藤氏へ参、是ハ今日伝碩へ初茶湯可参由申来候ても、右之契約断申遣、右之座席相済テ、押懸御勝手ヨリ御囲へ入、会席半也
伝碩・清馬・半平・団右・清閑・源蔵
一、御囲ノ飾
　床　為家之切　軸先ニ
　　鏡餅弐、うら白ゆつり葉チ敷、木具平折敷ニ乗、
堅ノ方ハウラ白ノ葉スリハラヒ
前畳目五目
軸脇ニ筆架　筆
　水入　手桶ノナリ
硯屛焼物　硯　（図）　黒（墨）如此硯ニ
　　　　モタシカケテ
二重棚
　下ノ棚　ヒツ切　節チ前へ
（図）　　　茶入

置合
床ニ　花入　菜籠
花ハ白梅 作州
茶入　漢　小壺　水指　古伊部四角
茶椀　瀬戸黒薬
夜ニ入五過退出
一、速部氏へ先約ニテ清兵衛同道ニ而罷越、夜半過マテ

②延宝八年一月六日条

一、馬日晴天
一、夜ニ入兼約ニテ伊藤氏・大野氏・堀氏・吉田氏・安東氏、
夜会茶湯
カサリ
略棚 御室水指 上ニ香合　扇　ハホウキ
置合
上ニ茶入　瓢箪　下 水指 竹輪
夜半過マテ

③延宝八年一月八日条

一、人日晴天
夕飯後兼約ニテ近藤氏飯後之茶湯
平野藤右・吉田九之・堀善介・木村氏・予
カサリ　床ニ花入　菜籠
花ハ白梅 作州
棚
上ニ茶入　下ニ ヒサコ 竹輪　ツリ竹ニふくさ
菓子　宗易餅　吸物　酒数返
肴 小板 小鳥 盛合
置合
床ニ為家之切　かけ物
水指　古伊部角
茶入前之小壺　盆ニノル　盆ハ朱ノ梅花ナリ
茶わん右ニ同
後ノ炭ス、平野氏へ所望也
夜半之頃迄

④延宝八年一月十日条

一、十日快晴
兼約ニテ私宅夜会
清三・与一郎・源六・弥左・喜六
カサリ
略棚 水指 シカラキ　香合　扇子
羽ハウキ
釜ハ後ニカクル

置合
上ニ茶入　水指 竹わ　茶入ハ瓢箪
茶わん　高麗
夜半過迄

⑤延宝八年一月二十二日条

一、廿二日、兼約ニテ近藤氏茶湯
歳福院・地蔵院・伝碩・団右・予
カサリ
香合　堆朱　ツリ竹ニふくさ
羽帚　白鷺
床ニ籠花入浅野紀伊守様ニ有之 ハウコシノ籠ウツシ
梅花ト椿
置合
水指シカラキ アコタ　（図）　茶入
風呂先ノマトノシキヒヘカケテ
ヒサコ　竹輪　かけ物 たて物猩々皮　祖師ノ絵
五過罷帰

⑥延宝八年一月二十八日条

一、廿八日辰刻、登　城方々祝詞相勤
夜ニ入兼約ニテ夜会
源八・伝碩・団右・源蔵

カサリ
中央卓　上ニ釆籠　水指　伊部
置合
モロカサリ　茶碗　高麗
茶入　ヒヤウタン
夜半過迄
夜五時ヨリ小雨降

⑦延宝八年二月十三日条

一、十三日晴、折々曇、日中夜前より又強肩、夜ニ入、伊藤氏・
大野氏・堀氏御出、飯後之茶湯
カサリ
中央　御室焼水指
前ニし、ノ香炉 くわん
菓子出候て　モロカサリ
茶入　八代
茶わん　聚楽
中立なし
後之炭所望なし、茶済候て、次席ニ而夜半過迄咄被申

⑧延宝八年三月一日条

一、吉旦晴天、今日登　城、仍外へ礼ニ不出
朝間談書

伊藤氏ヨリ呼ニ来、九前ヨリ参、茶之稽古、囲ニテ有間老人
ニも御出、御茶給八時罷帰

⑨天和二年七月十六日条

一、今日部や之土風呂ニ炭仕、夕飯後復庵へ御茶進上

（中略）

一、今朝茶壺山門松寿法印、尤□□□被遣、光円院へ
も被為寄、仍之、光円院へ吊状遣之

⑩天和三年三月十日条

一、九過　近衛大納言様へ伺公、八過御囲へ通り候様ニ被　仰
候而、豊岡将曹と両人、　大御所様御居間之御囲へ伺公ス、
御茶湯也

御床　西行言葉有之歌之物　御懸物　御釜　利休あられ

棚ニ御香合　張精掘堆朱　羽箒　大鳥

御料理

鮒膾□□《くり》か　汁　こまく
やきかしら　うと

引而

焼物
平皿　煎さまし　竹子　あらめ
いかふ

かうの物　御引被遊

御酒一献之後　御吸物あハひ

御酒三献ニ而納　御引被遊

御さかな海老

中立之時人見慶間被参通候様ニ仰ニ而、御囲へ通り被申□
宅へも参候処ニおつやうつくしき疱瘡成程かるく候旨被申
聞

中立以後　御花生　尺七　常璋院御作

御床　掛花入　しれた白柳
椿二りん紅白

御水指　南蛮四角　ぬりふた

御茶入　さゝ耳也　手耳なし

御茶碗　新渡高麗　とくさの絵

御茶杓　宗和

御茶之以後御炭有

三角之ふくへ

御茶以後御蜜々出候て御咄、慶安ハ暮前ニ退出

左府様九時還御、予九過ニ御暇

⑪天和三年四月三日条

一、大野九郎兵へ、寿軒熏々町之借宅へ移被申也、春大夫遣、
風呂・釜・水指之外、道具共借ニ越被申則遣

⑫天和三年四月四日条

一、九時　近衛様へ兼而被仰下伺公、御居間之御囲ニ而御茶被
下、慶間・木工・予也
御床　御懸物一休木葉色紙
　歌　たちはなのこしまの色ハ
　　　かハらしを
　　此浮舟そよるへしられぬ
御釜　テンミヤウ　クハン付　ジヤウハリ
御水指　木ノきれ
御茶入　擂座　御茶碗　新
御香合　新
御花　白山ふき　牡丹　竹ノ舟
八半過終而御座之間へ出ル、山田検校伺公仕候て、始而知人
ニ成、平家二句被仰ニ付くりからおとし、教訓　慶間ハ五時退出、予
ハ四時退出

⑬天和三年四月十三日条

一、備後へ中尾又申候、上田藤兵へへ先日之返事并御室焼井筒
之水指遣之、女共よりも又四郎□へ風呂弐遣之、山田藤兵へ
息女へももてあそひ遣之
右美作殿か屋敷大石新七へ頼候て遣

⑭天和三年八月二十三日条

一、覚王院へ伊賀焼水指壱遣之并復庵老より風呂敷三ツ、大府
公より八代茶碗・尾張茶碗一箱ニ入被遣之、江戸へ之状共頼
候て遣也

⑮天和三年十月二日条

一、二日晴天、兼日如例、申之刻時雨、風少し有
一、今日法金剛院口切ニ付、兼日より駒路ニ而復庵老・慶間・
長州・大府公・友石・二得・玄隆・予、五半之頃より参、夜
ニ入帰宅

（中略）

一、御室焼茶入袋有、山名道与へ

⑯天和三年十月十一日条

一、陽明御所より来十三日御口切御茶可被下之由昨晩被仰下候
処、他行仕罷在候ニ付、今朝御請申上

⑰天和三年十月十三日条

一、留守候中より慶間入来、九半之頃令同道、陽明御所伺公、
両人之者へ御茶被下
　常之御囲
御懸物　定家卿五首切　御表具御物数寄ニ而、此間出来

御釜　宗和　アコタナリ　くわん付　コトジ

御会席　膳椀黒塗

四方皿 鯛鱠　御汁 菜《かふ》ノコマ〳〵 鳥ノタ、キ入テ　丸皿 焼物 鮭 アサヂ懸テ

蒸茶わん いり鳥 鴨 菜　香物

御吸物　白魚

御茶くわし　山いも 菓子 沙糖かけて　岩茸　四角盆

御庭へ中立

御花　籠ノ懸花入 寒菊 三ハナ子

御茶入　トウコ　御茶杓　宗和　御水指　古キ伊賀焼

御茶　春昌　初むかし

御茶以後御居間ニ而御咄、御乳人そは切に上候て御相伴仕、両人共ニ四半過ニ退出

⑱天和三年十月十四日条

一、今日ニ得口切ニ伴拙被招候て、慶間・大府公・友石・予、九半之頃より参

囲

懸物　墨跡 古演 奥書清巌　釜　四角広口　棚ニ 丸キ黒香合 羽ハウキ

水次　セい高　古伊部

会席ハ座敷ニて

鱠 鯛 アカ、ヒ イカ　汁 子フカ 大コン 鯛　焼物 鮭 一塩ノ鯛　平物 豆腐 玉子かけて

吸物 フクノ皮 鱈 岩茸

右料理囲ノ外ニ而

囲床　宗和ニ重筒　下ニ 水仙 寒菊 白玉

水指　南蛮　茶入 瀬戸黒薬 細クセイノ高キ　茶杓　宗和　茶碗 高麗 ツ□□

御茶 三入 後むかし　囲ニ而御茶給、外へ出候て緩々対談、五時各帰宅

⑲天和三年十月二十四日条

一、夕飯後、陽明御所ニ伺公、大御所御留守ニ而閣ニ被為成御茶被下、御表具之物被為入候て候、暮候て御断申上退出、風気ニ付而也

⑳天和三年十一月九日条

一、今夜喜多脇五左衛門　陽明御所へ御茶指上候ニ付伺公可仕候旨、兼日より依仰御相伴、夜ニ入伺公、慶間昼より伺公

一、夜会也、五時御囲へ被為成

懸物　萱葉之達磨　時代物蒔絵之本也

御釜　御所之御物　あしや也

会席
ぬり御膳 御椀同前
長きちょく ウニ　御汁同皮 ふくさふくもとき 鰒 岩茸　皿 子蔵　平皿 煎鳥 鴨 ク、タチ
引而
御食　御茶菓子 萩餅 木葉かれハ　御吸物 山芋むすひて 鮪ノウス
御中立以後
懸花入 行喜焼カ 寒菊　水指 古シカラキ
茶入 源十郎　茶杓

㉑天和三年十一月十一日条

一、五時無禅奉ニ而手紙来、今晩陽明御所ニ一門様被為成、明朝大納言様へ御茶被為進候ニ付御相伴御供仕候様ニと御門主様仰候也、即刻陽明御所へ伺公、無禅チ以御門主様へ御礼申上

㉒天和三年十一月十二日条

一、六過　陽明御所伺公、御左右有之、五前　一乗院様御里坊へ御成、予御伴、新造之御囲一両日以前出来候由也
御囲　フカ三帖　中程無之
御掛物　竪物 徽明 自画自讃　御釜 鰐口
御袋懸ノ釘ニくわん・羽箒有

御会席
木具足打　御ヌリ椀
五葉皿 焚物 キンナン ク、タチ ふ　御汁 コマ〳〵 生シめシ
御引物
平皿 豆腐 キクラケ タルミ　上置して
杉へキメヌリテ フチタカニ
大コン カフ 山升焼テ 味噌　□ノ青柳
□□□□

御中立以後
御床ノ窓ニ懸花入 新院勅作 二重切
御花 柳 冬牡丹
御水指 新信楽　御茶入 シユンケイ　御茶酌 宗和
一、御囲ヨリ御居間へ被為成、粟田口焼物共御取寄被置候て御覧、御茶被召上、暫御咄有之、遠清・予直ニ御所へ伺公、御前ニ暫在テ退出
一、一乗院様へ御礼ニ伺公、謁内侍原刑部卿退去、長州へ右京官位之賀儀ニ参上、尊母ニも御出也
一、八過又陽明御所へ伺公、　大御所・亜相公御蜜々被為成、黄昏より五前迄　大御所御前ニ罷在御咄、　大御所ニハ今夜々会ニ一門様へ被為成也、四過ニ退出

㉓天和三年十一月二十二日条

一、午中刻　陽明御所御新殿ニ而御祝御料理可被下旨、兼而仰ニ而伺公、人見慶安・大慶間・堀田昌伯・喜多脇五左衛門・予也

御床　准后宮　乾山御詠歌十首御筆 詞書有 奥慶長元年十二月三日
御掛花入　焼物長キ形　御花　柳　水仙　御書院飾 御硯 筆架 御筆 御墨
唐絵巻物　盆　唐物

一、御膳以後、御手前ニ而御茶被下之、御風呂御釜従　新院様御拝領之由

㉔天和四年二月十六日条

一、小倉へ返様青木太右衛門并大池金衛門・太右衛門へ野上焼之茶碗壱贈之、子息両人手遊二色送之、今日認候て寿軒より御届給候様ニ頼遣

㉕天和四年二月十八日条

一、朝五半之頃陽明御所ニ伺公、今晩之儀チ近習中へ為可申談也、御前ニ少之内侍座退出

一、今晩御料理、信州挽貫蕎麦粉三袋・生鯛一尾・鮁弐本・鮑三・御茶竹庵祝白、右之通献上之

一、復庵より唐津焼染付之徳利一対 はなたちはな 五加酒 入候て献上

一、朝飯後ヨリ昨日謁候諸司参、御尋之儀共申渡、吟味仕之処、所持仕罷在者無之、昼過右之儀共仕廻

一、九半前陽明御所左府様御筆御歌物懸物拝領之
筒ノ花 ミツまた 薄色ノ椿一りん とひ入之椿二りん　御茶入 宗和所持 坊主手　右之分持参

一、御相伴ニ慶間・慶安伺公、八ツそは切御膳等出候て一段之御機嫌也、御茶も御称美也、六半頃御用之儀有之、東御所へ被為成ニ付、三人共ニ退出

一、御次へも蕎麦切・茶振廻申也

㉖貞享二年二月一日

一、同刻大庭慶間入来、旧冬大府松屋吉右衛門方へ被遣候飛鳥川茶入之代金拾両請取之、色々様子□□へとも慶間持参ニ而達而被申故、請取置所也

㉗貞享二年二月二日

一、卯之刻　左大将様へ伺公、御前ニ侍座、一乗院様へ御時分御窺被遊、六半過ニ御成、先暫御座間ニ御成、御囲へ被為入御門主様御近ニ御出

御囲之次第
御懸物 定家卿記録切 中より金鳥紋 上下紺地とんす 一文字風帯白地とんす
つり棚下ノ重ニ 粟田口鷺之御香合 くわん
御釜　へしかき新釜　蓋鏡ふた文字有　つまは四角
御炭出来ル、御膳出、御引物迄、御門主様御通

御膳足打ぬり木具
御引物　かう物　鉢粟田口
青ぬた
あへ物うと　松茸　くり　御汁こほうせん　かふ　なめすゝき
四角平皿
ゆとふ　あん　からし
御重箱
ふとにこほうくろこまえニして
はす
御吸物むすひいも　ゆのせん
御酒二返ニ而御湯出
御茶くわし　ところ餅　やきとうふ
御中立以後
御床　懸花入筒　鶴くひほそき竹　常修院殿御作
御花　白梅　ふとき大枝　立枝御あいしらい　御花殊出来ル
御水指　粟田口ひしなり　無ふた
御茶入　玉かしはノ手　御袋　天丘毛織
御茶杓　御作
御茶わん　高ハらこよみ手
御茶　三入　後むかし
後ノ御炭如始出来ル、御座之間へ被為成御菓子出、暫御対談、九前遠清・予御跡ニ暫御前ニ侍座退出、帰座陽明御所へ伺公可仕旨仰ニ而直ニ伺公、久御前侍座、九半過退出、大御所様窺御機嫌、御次ニ伺公、謁相州木工退出、直ニ　一乗院様へ御礼ニ伺公、大仏へ被為成候由申置退出、八時帰宅

㉘貞享二年四月八日条

一、八日快晴、八時曇、雷発声
一、五半過、被出甲賀祐賢、北尾法印へ病中之礼ニ参、毫摂寺へ暇乞ニ参、粟田口茶碗壱持参、清水寺へ参詣、成就院へ立寄暫対談、六角堂へ寄候処、留守ニ而申置、八幡大西坊病気養生ニ出京故、見廻遣所へ養生ニ出候由申置、建部喜六河原町之屋敷へ寄候て用事共有之、夕飯振舞、黄昏ニ帰宅

㉙貞享二年四月十六日条

一、十六日雨晴、曇
一、兼日如例
一、今昼内々仰ニ而　左大将殿へ御茶指上　一文字　喜多立玄
懸物　御筆三幅対　花入　かうし口　花　河骨二臺
御茶入ハ蓋袋ニ仰付被下候宗益　茶杓　偏易
水指　御室ひつミ　香合　宗和車　羽箒　鶴　宗和
御茶碗　粟田口松之葉筒茶碗
昼麦蕎并生鯛・鮎・鮑、御茶菓子あん餅　くさ　もろこし　両種指上之
一、夕御膳御茶喜多脇一元指上、御肴所々七種
懸物　拝領之阿仏文　花入　ちやたん草　花立ニ瓢覃　宗和
御茶入　陸奥守殿より拝領之由　いもかしら　袋　まんせう手

茶杓　片桐

㉚貞享二年四月十八日条

一、同刻速水長州へ見廻、今日佐□修理殿振舞候ニ付而也、九過退出

一、兼日ヨリ、今日慶間・喜多脇一元・予御茶可被下之旨仰ニ付、九半時　左大将殿ニ伺公

御床　御懸物　坊門局定家卿添書之文　御表具（上下赤キふふつ　中金入とんす　一文字風帯　こん地大閣とんす）

御花　広口御花入　杜若三薹

書院御飾　御軸物　光明峯寺関白殿道家公御筆

　長編　盆　唐物　黒ぬりまき絵有

　蒔絵御硯箱

御膳以後於御小座敷御茶被下、御畳改

御懸物　妙門主御筆　柱かくし　御花　懸花入□　御花　ゆり丁子草　御風呂　南良　御釜　雲龍　御茶入　しゅんけい　瓢箪　御袋　天笠もうる　御香合　キのカミ　御水指

広口　南蛮

六半過退出

㉛貞享三年六月三日条

一、辰之半刻法金剛院参着

巳后刻内々依　仰　鷹司前関白殿・右府殿御成、速水長門守御膳指上之、依之勝手へ御見廻申上、御菓子両種長老へ、同一種玉宣へ、　前殿下ヨリ被下之、右府殿ヨリ右同断被下之、真瓜一折廿顆大御所江予献上之、御茶之儀内々　内府公へ申上、昨晩春昌初むかし拝領之、今日持参、則達御耳、昼御膳之上ニ指上之

御相伴佐々久兵衛・小嶋友雪・鈴木休道・能束・生駒市丞、右五人也、大御所御供関主殿・岡本玄蕃、　内府殿御供稲《チヒ》田兵衛・鈴木将曹伺公也

巳后刻ニ御成、暫有テ本堂江被為成、午刻御吸物

御湯漬出　御菓子　粽　御茶二種（竹庵雁金　長門守持参　初むかし　予持参）

御膳以後山へ被為成暫御遠見、御帰座之以後御連歌

　御発句　　大御所

風かほる池にゐならぬはちす哉

　依　仰

　　雨晴蟬乱鳴　　長門守

第三内府公ニ被為遊、二ノ表迄出来之由、手前以之外衣込不及拝見残念々々候

申刻夕御膳出、二汁七菜、　御前両御所共ニ雖給酒ふち上御相伴之一両輩御酒及数返、長門守父子・予、大御所御盃被下之、御膳上御茶菓子、御茶竹庵初むかし

秉燭ニ　還御、終日　両御所共ニ御機嫌増宜也

㉜貞享三年六月九日条

一、内々今日於　近衛内大臣殿御茶可被下之旨蒙　台命、午刻以前伺公、良久御次ニ而相客被合　御前へ出、小畠了達・喜多脇一元・予伺公

御床之飾　為家二枚文仮名ちらし　御表具　上下茶地菊からくさとんす　中大紋金紗　一文字風帯カキ地瓢簞寿字ノ紋金入

御花生　からかね　中口下かふら　河骨二臺

書院御飾

亀山院第十六ノ王子青蓮院宮
慈道親王古今真名序大軸　御表紙カラ子手とんす

御硯屏　馬脳　御硯　紫石　鷺荷葉掘物

御筆　軸唐くりノ手　御黒（墨）干魯

御茶道

南良風呂　御釜　天明　御水指　青磁　広口ぬりふた雲鶴

御茶入　瀬戸瓜黄薬咾口　御袋くるりカントウ白地

御茶　星野　初昔　御茶碗　南蛮　染付

御茶杓　宗和　油竹大形

御香合　朱金手　布袋

御料理

鮎色付　御汁こまくケツカン　指身鱸魚色カンテンミル

青竹め籠ふた有

御羹物松茸蛤　御吸物にしミヤウカ　御菓子大内餅栗　岩茸

一、夜ニ入了達へ諷御所望、野々宮其外能曲為数曲、後段水羹、御吸物、御酒数返、御茶八嶋後昔、夜半御暇申上退出

㉝貞享三年六月十三日条

一、九半陽明御所ニ伺公、同刻北脇一元も伺公ス、御前侍座、小畠了達も伺公、時分御待合被為遊、八時御使被為進御機嫌次第御成被遊之様ニ被仰進、八過ニ御成、御先へ三人共ニ伺公仕、被在　御成以後御前へ出

御書院床　御懸物　妙門宮御筆竹ニ嶋ひよ鳥之絵　三足朽木ノ卓　伊部獅子香炉　御書院良久御咄有之、七前御囲へ御成、先御書院之縁迄被為成、御門主内路次ノ口迄御迎ニ御出

御外路次之風景替候て立石并踏石等相改、御腰掛等出来

御囲御飾

御懸物　後西院御製宸翰　御表具　上下シハ茶地大紋とんす　中薄花色金入雲形　一文字風帯薄かきつむき地金相ノトウノ紋

トウノ紋

御製　身のうち茶の見つ、
　忍ふ事とては
　それより後の
　むかし語そ

御判ニ此鱗形有　△

此御詠ハ茶之和歌所望就被遊ニ、古歌集之内ニも無之由ニ

テ、即席ニ被為遊御筆チ被染之由仰也
御釜　細キ九輪ハ有リ　からかねふた　御風呂土
棚ニ御香合　羽箒
御香合ハ音羽堆朱手
御会席　御膳御椀　黒ぬり　宗和形
御平皿湯豆腐わさひ あん くるミすりて　御汁 大根葉根共ニ 松茸
引而
御香物青豆 二種 はしかミ　指身かんてん ふり はす ミる さゝけ　たてす味噌
御皿　ヘキ白キ皿
御吸物 ふんとうもやし とつさかのり
御室焼御茶碗　蓋ハ四角角切
絵から松
御酒三返　御肴やきふ
御茶菓子　砂糖煎餅　にらひ　盆筆なり外朱糸目内黒ぬり
御茶菓子ノ内ニ炭御直し　菜籠ハ唐物
御水指　南蛮　金物八角
御中立以後
御花入　瓢箪ツル付　鶴首　常修院宮御作
御花　女郎花一枝　夏菊クチ葉白少キ一枝宛
御水指　野上惣黒流　下細　ぬりふた
御茶入　さゝ耳ノ手大形　御袋　もよき地金襴

御茶杓　宗和従　後西院御拝領之由　節ヨリ油竹　カヒノ所
ハサヒ竹
御茶碗　新渡高麗　御茶　夏切三入歟
右御会終而路次ヨリ御退出、月快晴、御書院御対談、御菓子
御薄茶出、五前後段出ても御断被仰候也

㉞貞享三年六月十七日条

一、五半過　内府公へ伺公、御前侍座、四過西御所ニ御成、御風呂灰仕也
一、持参仕道具之覚
釜　檜垣　御風呂ハ御所之土風呂也
御棚　菜籠　唐物菜籠　香合　朱　青貝
羽帚　宗和　鶴
水次　御室ろくろめ
一、懸物　月庵横物
一、三足卓　香炉　唐物　鶏　釣舟　花 夕かほ 白むくけ二りん
一、御書院　扇手鑑
一、昼過　品宮御方迄一乗院宮御成時分可申上之旨御使被成下
一、御相伴ニ小畠了達・喜多脇一元伺公
一、八過時分能由御近習衆迄申上之、即刻　御成、御車寄之前庭へ御迎ニ出ル
一、御着座暫御雑談、達而御衣之儀申上被脱之、　内府公ニも御直衣御取被為遊

一、風呂之炭直之時御中座、炭御覧、香合御所望、懸物・香合・
香炉等、甚以御感、及再三
一、八半時、御膳出之、御膳具ハ持参不仕、御汁ニ入刻物載ル
台、小キ細キ足ハ竹ノすしかいノ台并木地ふちたか持参
御膳　御椀黒ぬり
御膳ノサキニ御汁ニ入刻物台ニノセ、ワキニ御ちよくニ
御あへ物、御汁椀ハフセテ、御汁ハすゝノかないろニ而
出之

御献立

すましほうはん
山のいも少入
しやうか
ふり
御あへ物　かんひやう　はす　きくらげ　青ぬた
御汁　あけこんふ　きさゝのり　くり
しそきさゝ
ミやうか
はしかミけん

引而　御食

御室焼御平さら
御煮物　きんちやくふ　こま山升入
御香物　ふり　なすひ
御重箱
茶屋とうふ　青山升ミそ
なすひてんかく
わりくし
御吸物　むすひいも　すいせんしのり
御酒三返　御さかな　にしめこんにやく　こ□□

一、料理出来候由ニ而　両御所共ニ御快、再三被召上
一、御膳以後、手鑑御一覧被為遊
一、暫間チ置テ御茶菓子出ス

御前へハ木具　ふちたか
御菓子　色粽　砂糖白黄三色
　　　黒くハへ　かう茸　御やうし
一、即刻御茶立ル、ハコヒ立也、両御所御中座
水指　南蛮三ツ耳　御茶碗　菩薩池焼
御茶入　長茶入　宗和切形　蓋袋同前
茶杓　宗和作
御茶　従　内府公拝領　春松　後むかし　古茶
一、柄杓・水こほし持出ル時、陣羽織チ着シ出テ立ル、甚以御
感、御茶并服合等殊ニ御感
茶入・茶杓・同筒御所望、殊外御感甚、久持侍所之諸悉位チ
増、喜悦不浅者也
後ノ御菓子　つまミやうかん　かるやき　銀ノたかつき
両御所御機嫌殊宜、茶湯働候由御称美及再三、無禅も御前ニ
伺公褒美也、　一門宮黄昏ニ還御、於御敷台も再三御謝詞也、
内府公・　両御所、懸物宗和表具御称美不少、則寸法御写被
遊、せは胴袍ノ由、只今ハ存知之者稀有之由仰也、道具共仕
舞候て御暇申上、五時西御所へ御成以後退出

㉟貞享三年六月十八日条

一、九過　一門宮昨日且今朝御使被成下為御礼伺公、御留守中
置也
陽明御所奉伺、御気嫌弥御快然、直ニ　内府公へ伺公、御前
ニ侍座、庵中も伺公、御相伴可仕旨、仰ニ而相談、宗和形ゐ

ふこ水指并くわかた花入形可被　仰付之間可指上旨仰ニ而今
日上ル也
七半之頃桜井形部殿御伺公、夜ニ入候迄御前侍座
後水尾院御発句
扇はや来ぬ初秋のやとり哉
菅家御歌ニ
君かすむ宿のこすへのゆく〳〵も
かくる、ほとは見かへりしはや
此はやノてにをは習ニてめつらしき歌也
後水尾院ニも終ニ此てにをは不被遊候故、御発句被遊之由常
ニ　仰之由御物語有之也

㊱貞享三年六月二十一日条

一、九半今日於　陽明御所　一門宮へ喜多脇一元御茶指上候ニ
付、御相伴ニ伺公可仕之旨、内々仰ニ而伺公、　御前ニ侍座、
同刻小畠了達も御相伴ニ伺公、小國三郎左衛門昨夜従江戸上
着之由伺公、御目見仕
一、八過時分申上　一門宮御成、一元持参之道具
御床懸物　庵陰山水　仇栄筆　薄彩色　小キ竪物
表具　上下茶シケ　中もへき紗
一文字風帯籠紫地金入
花入籠　鴉籠
花　白藤一ふさ　すゝき　仙王華一枝

御風呂　南良　御釜　雲龍　是拝借
棚　内赤 方盆　唐物　青磁香炉 荷葉なり 大徳寺
御献立　　御膳ハ木具
四角皿 御あへませくり こんふきさゝテ たて酢　　すまし 御汁 もすく せうかノせん
引而
御香物 二種 青豆　　焼物御平皿 こう豆腐　わさひニて
長キ皿 御ひたし物　丸さゝけ
御吸物 はす みやうか
御酒　二返
御茶菓子　紅梅餅　わんこ　ふ　御楊枝
御対面所へ御中立、懸物懸ル
後ノ懸春屋國師ノ筆、成程ほそき柱隠シ
御菓子出候て炭を直ス、香合御所望被遊
南京少キ雀香合
水指　野上焼四角　ぬりふた
茶入 織部肩付 胴黄薬　肩黒薬　一筋なたれ胴くゝりて
袋　金剛切　銀欄　但日本織之由友閑申之由也
茶杓　利休　つくろい有、かいノ下おれ候て桜ノ皮ニて巻之
御茶碗　奥州仙台焼　今年城主初而申付候也
一、黄昏ニ　一門宮還御、　内府公御前侍座、六半過一元・了

達御暇申上、五前西御所へ御成ニ付、御暇申上退出、五時帰
宅

㊲貞享三年六月二十六日条

一、九過陽明御所奉伺御機嫌弥御快然也、御次而諸大夫中兼寿
暫対談

一、九半過　内府公於御殿小畠了達　一門宮へ御茶指上ニ付御
相伴之儀、兼而　仰ニ付而伺公

了達持参之道具

御床懸物　笠置ノ楊月絵　細キ竪物　竹ニ川セミ　臣儒楊月ト
印有　墨絵風流也　表具　上下薄紫白紋菊　上下チ細クリン
ホウ之ことく衣マハシ
胴袍外ノ小一リ共常ノ寸法也
中胴袍チフトン赤地中紋　一文字風帯モヘキ地からくさ
金入

御棚ニ香合南京染付 カウ台ノ高キ香合　拝領ノ 羽帚

御献立

御なますしそ 大こん けんはしかミ 青豆　御汁 なつとうもとき こまく とうふ とうからし

引而

平皿 煮物やきとうふ 松茸

御香物　二種

御あへ物茗荷ノ子 こま味噌

御吸物こんにやく成程ほそく作りて 梅干 ゆ

御茶菓子小キまんちう 水栗 かう茸

一、御菓子ノ内ニ炭直ス、香合御所望被為遊

茶道

水指しからき ともふた　御茶入瀬戸 藤四郎 半細 袋赤地大紋菊桐

御茶杓　野村新之　御茶碗　新渡

一、茶入・茶杓・袋御所望、御覧有

一、八過ニ　一門宮御成、黄昏ニ還御　西御所、御機嫌殊宜シ

一、夜五時御暇申上、三人共ニ退出、御相伴北脇一元 予

㊳貞享三年七月二日条

一、九半過　内府公伺公、御前ニ侍座、八ツ以後穂波三位殿へ
御時分能候由、下官より可申入旨　仰ニ而申入、即刻御出被
成

御床　御懸物雪舟筆 上リ龍 竪物　上下浅黄シケ絹 中萌黄金襴 一文字風帯こん金入

御花入唐金広口 こまなり　御花　夏菊大白　黄菊

御風呂　へにはち　御釜　ゑふこ　鏡蓋

御棚　羽帚　御香合　染付　南京ノ鷹

御料理　ぬりノ御膳　ぬり碗

なます 魚 くらけ くり 青酢　　御汁 小な いも
つほ皿せん□ 五位 こほうせん　　てんかく 蛔 青串 とうふ
引而
御吸物　刻ゐひミヤウカ
御酒二返
御膳過候て　御書院御飾物拝見　御手鑑 道風 家府 七徳舞譜
御表紙　馬　唐縫
御茶菓子　大内餅　梨　かう茸
御炭被直、御中立ノ後
御水指　古伊部ひし　ぬりふた　御茶入 しゆんけいおつかふせ ノ手　御袋　銀襴
御茶碗　高麗古　御茶杓　常修院宮御作
御茶入・御茶杓・御袋拝見
御茶以後御雑談被移数刻、五過後段葛素麵・御吸物・御酒等
出
其後御茶 春昌、八重　浦野大学手前也
亥刻過三位殿御退出、予御前侍座、御道具仕舞候て、亥下刻
御暇

㊴貞享三年十月九日条

一、午半刻直ニ高橋亭へ参入、是内々約束ニ而茶湯之会也、家
原自仙・袋屋二得等令参会、亭主外路次へ近々被出
囲之内懸物
今上御震筆　岩ニせきれい御画也　表具　上下白かひき
中小葵　一文字風帯紫地菊金入
右之御囲故、予・了達参、炭ハ以前ニ添
御懸物奉拝之後、料理前断申候て亭主被巻之
両人も請進之由、予も又其通故、兼而相断ニ付無急鳥
一、釜　丸釜姥口
会席之事
一、膳へキノぬり木具　一、椀　宗和形　ふち朱ノ山道
一、膳之先つほ皿あへ物 焼大根 しやうか味噌　汁 こまく しめし　引而　平皿　湯豆腐
重箱ニせり焼　香物
吸物　むらさきのり　ふきのとう　菓子　ぬりふち高
寒さらし餅　ちよろき
中立以後
一、床中央　かけ花入　□之物筒　嶋物歟
花　連臺一枝　椿一りん
一、水指之脇ノ方ニ茶置合テ　水指　古信楽　織部形
一、茶入　つるつき　祖母懐ノ手　袋　笹からくさノ手
一、茶杓　東陽坊　一、茶碗　絵高麗　小キごき手
一、後ノ炭　香合　小キ四角香合　高麗
一、炭以後薄茶、亭主手前ニ而数返、雑談移刻、申后刻令
退出

㊵貞享三年十月二十一日条

一、内々　仰ニ而八時　内府公伺公、穂波三位へ御茶被進御相伴也

御書院之床御懸物

為家二枚文仮名ちらし　上下とんす　中大紋金紗　一文字風帯薄浅小からくさ

御書院　御硯　文庫

御小座敷

御懸物　細キ竪物　妙門宮御筆　枯木ニ鳥

御炭被直　ふくへ　御香合紫石丸キ御香合　飾ほり也　薩摩細工之由

御料理　六角皿むし物かもひら茸　丸けつかんくすあん　わさひ

御汁　あふな五分切

引而

煮物せりゆの皮　くつし四角ニして　小板かまほこ再返

御酒

茶わん

御吸物　白魚

御肴なかきちよくこた、ミ　いり酒

御茶菓子

ひしるり木具ノへき

御領之かき付餅　岩茸

御中立之後

御筒御ふ尺八　御花　紅梅　白玉

御水指ゐふこともふた　音羽焼　御茶入肩衝しふ紙手　御袋　住吉とんす

御茶わん　音羽御器手

御茶杓　宗和

一、御茶以後御雑談、六半過三位殿御暇

一、追付東御所へ御成、予五前退出

㊶貞享三年十月二十六日条

一、午半刻柳原殿へ高橋宗恒持参之、二通持参謁岡本玄蕃、今日　殿下ニ御寄合在之、御留守之由申置之

一、同刻　内府公伺公、今日穂波殿御茶被上ニ付御相伴、又御勝手被為持候様兼日より御頼候付而也

奥御小座敷御懸物

後西院震筆御小色紙　小原表具

御炭被直　御膳　ぬり御膳　御碗同前

かしはノ皿

かき鯛かつをわさひ　御汁かき大こんおろししめし

引而

つほ皿

御煮物はんへん焼豆腐　てんかく　たいらき

御吸物つくしよめな

御茶くハしきんとんやきいも

御茶菓子盆　松木ノ皮藤にてとちむ

四角長ミ有、木地丸キ竹足ノ盆ニノル

御中立以後

二重筒　伴拙　御花　はま菊二りん
御水指　樽なり　あんなん歟　ぬりふた見事也
御茶入　飛鳥川二度釜之由　袋　うす柿　升うさき
御茶杓　小堀仁右衛門　御茶碗　萩
御香箱　唐物直し物　うるし朱中銀なり

後之炭御所望有、二度御炭出来、御雑談被移数刻、戌之刻以後三位殿御退出畢、暫　御前侍座、戌半刻御暇

㊷貞享三年十月二十八日条

一、今日於　内府公、人見慶安・小畠了達・予三人へ御茶被下ニ付、未上刻伺公
一、御床御懸物
後水尾院震筆　秋深きの御製　御題心絵 真敬親王御筆 絹地　震筆地ハ紙也
御表具　上下薄あかきふ、つ　中茶地金入ほたんからくさ　一文字風帯紫地雲龍
一、御花入　音羽焼白薬　首ノ細キ花入　水仙一臺
一、御書院床御飾軸物
武烈天皇御父
智務王御筆無量義経一巻御奥書有之
御表紙無上古キ金銀之砂紙　軸ハ沉
御奥書年号天平六年と有之
一、御小座敷　御釜　手焼釜　宗和　蓋鏡

御料理　ぬり御膳　御碗同
かしは皿
鱠 鯛焼 生 くり セうか　御汁なめすゝき こまく うと
引而
香物
つほ皿
いり鳥 鴨 せり　煮焼かまほこ
御吸物 つくし よめな　御酒三返
御茶菓子　朱ノ瓢簞　柿つき　黒くわへ　細焼昆布マし

中立以後

一、御小座敷　御筒勅作　唐よし　尺八
御花　はしハミ　白玉
一、御茶道
御水指　音羽 長キろくろめ とも蓋　御茶入 御袋紺地 いもかしら 銀蘭　竹輪
御茶御手前ニ而　御茶　八嶋　初
御茶杓　常修院殿　御茶碗 かき薬御器 音羽
一、御料理以前御炭有　御香合　堆朱　重香合
一、夜入慶安御病人有之、御暇申上、了達・予　御前侍座御雑談、戌刻御吸物出、御酒数返、亥刻過退出

㊸貞享三年十一月三日条

一、未刻兼約ニ而二得宅御茶湯、　大殿・無禅・高橋備前守・予

一、床懸物　転法輪公忠公歌書切　古文台　香炉　脇ニ軸物　無禅筆

一、囲之床　猪頭仙絵賛　筆不知之由　竪物　表具シケ　一文字風帯紫地金入

一、釜　筋釜宗和　釜屋宗左ニ被申付由　蓋古シ

一、二重棚　羽箒　香合　カウチ菅釜

　料理　新度碗黒　宗和形

平皿 大こん 風呂吹かふ せうか味噌　汁 おろし 豆腐

ちよく二しふうるか　膳つき

引而

杉へき 塩鮭　塩さんせう　ぬり木具重箱 麸にしめて わさひ

御酒三返

茶菓子 まんちう にんしん やうし　中立以後

輪口筒　宗和　水仙多入　寒菊一本入

水指　ゐふこ ひずゞ有、不知之由 代々持伝　蓋ハおちこゞしまりノ所ニ 細川三斎翁蓋之由

茶入置合而　茶入ハ万右衛門　尻ふくら　肩を漸て

茶碗　高麗赤キ　三色共見事也

一、座敷へ出候て雑談移刻、無禅拝懐中、亭主へ被送

紹翁筆紙ノ端

もる人もなき一本の花

いつのひむろの山かすむ跡

小家さひしき春雨の頃

雪きえの軒のなよ竹おれふして

㊹貞享三年十二月六日条

一、午后刻穂波三位殿へ参上、万里小路殿・吉田殿御出、黄昏より安倍飛州参候而御雑談及数刻、夜半前御帰宿、予・両人ハ御跡ニ而御茶給候て退出

御囲御懸物

後水尾院震筆御懐紙　表具　上下茶地金入

詠寄風花　純（鈍）子

和歌　中白地金入胴張

さそへとも散へく　一文字風帯萌黄

もあらす盛なる

花にはかせのとかもか　金紗歟

具連亭

一、釜　丸シ　鏡蓋　から金　口細クこしき高シ

一、香合　新渡　青貝

御中立以後

一、花入　尺八　常修院殿御作　白梅　紅白椿二輪

一、水指　あんなん　せい高　ぬりふた

一、御茶杓 御作 御筒有
一、御茶入 瀬戸 尻ふくら
一、御茶碗 日向焼 黒茶碗

会席

鱠 大根さ、かき 小海老　汁 かふ四角 なめす、き うと
引而
蒸候て 鴨 こほう　鯉氷 錫之皿
重箱ニ かまほこ 塩山升
吸物 蚫青三入

㊺元禄四年五月十九日

一、午之後穂波殿へ参上、得御意之間ニ御霊別当法印祐玄入来、是も御相伴也、午半刻計御供申
囲之内
掛物 墨跡南堂 利休所持之道具之由 表具 上下茶ノシケ 中浅黄シケ 一文字風帯一重から草紋紗
横物 偈七言四句二首 文字ノ大キサ・料紙之奇麗・奥書・年号月日・名印等無類之物也、既以 大樹公御物ニ可成物ト遠州ニも被申由也、御物之内ニも此程出来能物ハすくなき由隠□も有之、本阿弥南堂と申名物也
二重棚ノ下 茶入 袋潢嶋 釜 小ふり成笠釜 朱傘《カサ》蓋
羽箒 鴫

会席

さし身 にへ子付 海素麺　汁 鯉 和布
いり酒
引而
けんかん□りこ 竹子 生鮑　二汁 すまし やきふ 鴻 竹子 こほう 大こん
色付へきニ而引而
生かれい
塩 山升
吸物 にし みやうか
御酒 三返
茶くハし ちまき 盆 唐物 面ニ梅ノ折枝 青貝 かう台高キ盆也
中立之後
花入 唐地紋細カ成 細口 花 赤キあぢさひ 薄板
置合
水指 小ふり成いびつ 信楽 ぬりふた 中央ニ茶入
にしり込ノ戸竹障子ニかへて
茶入 瀬戸 はんとあけ底
茶之後書院へ出ル、掛物尾州亜相か歌物

書院ノ飾称名院古今朱入奥書有、箱ニ入なから飾なり、
箱ニ入なから飾事如何、いまた不知、亭主聾耳故対談
不成気毒事也
　中刻過御立御供中帰畢

㊻宝永四年五月三十日条

一、卅日辰半刻、袖岡内匠ヨリ手紙到来
　愈御安康ニ被成御座候哉、然者南都土門源之丞所持之徐
　煕鷺絵其外之古物等爰元へ只今持参ニ候、万一被所望ニ
　候ハヽ、追付御入来可被成様ニ内証可申入旨、大納言殿
　被申候条、如此御座候、以上
　　五月卅日　　　袖岡内匠
　御手紙致拝見候、然者南都土門源之丞所持之名物、只今
　持参之間、遂参拝見可仕之旨、年来大望ニ存候処、近比
　辱次第奉存候、只今以参御礼可申上候、以上
一、巳刻、勧修寺殿参、土門源之丞并息掃部道具持参、懸物ハ
御床ニ掛、源之丞父子へ初而参会、是ハ先年古入道殿ニ奉公
相勤、直ニ南都へ養子ニ参タル仁也
一、徐煕鷺絵絹地、絹之内竪三尺七八寸横一尺四五寸、鷺二羽
極彩色水草藻あいしらい有、是ハ薄彩色水蓮花二三ツ有、表
とんす地ノヤウニあつくミユル也
具上下茶地シケ、中ハ胴標絵繻珍地之由、濃花色地紋ナルホ
トチイサキ宝尽之模様也、其間ニヒシト雲形有リ、水ニ藻ノ
ヤウニミユル也、一文字無之、中風体、木地ノはち軸当世ノ
目ニテハフトメ也、表具中共ニ当世ノ目ニハ切少ツマリタル
ヤウニミユル也
一、珠光心チ尽候表具之由、東山殿へ被召上候ても後又被返下、
土門先祖珠光茶道之弟子ニテ悉相伝之上、此懸物被譲候て当
源丞迄八代所持之由也、千利休居士紹鷗ヨリ茶道相伝也、依
之茶道之奥有チ被尋之節、紹鷗申ハ南都鷺絵見被申候哉、此
絵表具ニハ段々様子有之而、珠光茶道ノ本意チあらハし物形
奇作也、是チ拝見候て茶道発明可被申由相伝故、則利休此懸
物チ拝見候て茶道ノ悟道を極候由、依之代々其申伝相伝ニ而
和尚タル人ハ国尊崇之事也、仍而此懸物之儀に今名高キ聞へ
アルナリ、珠光被譲ハ土門久行トアリ、由緒書披見候ても悉
ハ不覚有増計記之
一、松葉肩衝小松肩衝予覚違か（図）此スカタ也、土ヤハラカナル物也、
肩ハ終見不申見事之肩一色黄薬也、惣ニモ黄薬ノトヒ薬所々
ニ有、スカタ位何方ニ而見候ても名物トシル物也、二度見チ
カヘマヂキ名物也
珠光フタ袋無類ノ切、三瓜ノ切ト申之由、萌黄ノヤウナル色
袋六切程ツキタル也、底ニハツキナシ
利休袋ハ有楽潢嶋緒ツカリ共、ヒワタ色、織部之袋梅はちノ切ツムキ地ノ
ヤウニミユ、小堀遠州之袋も有
一、盆長盆長一尺余横八寸計内コマカナル唐薄絵成程ほそく書タルモノ

也、絵之下絵上蓋ノ由代々伝記慥成由、此道具之伝記一巻大徳寺天祐和尚筆、此盆ノフクサ潢嶋大もヤウ見事ナル物也

一、今度京都へ持参候ハ　院御所叡覧可被遊之旨女中之内より内縁を以　仰被下、依之持参仕也、今日勧修寺殿へ持参候ハ、右之由緒と申　院御所ニモ叡覧之上ハ　天気チモ可被伺之由ニ而、早速可備　天覧之旨被　仰出、公視朝臣御所御持参候て被備　天覧也、誠以稀有之儀、茶道名物之威光と申、其身至に八代如斯仕合、殊又　御称美　叡慮彼是有難次第落涙ス、此道具被返下間勧殿ニ待合居候て源丞父子へ緩々令対談、今度之儀被聞召候て、輪王寺宮御所望ニ而直ニ持参、其外此間無拠御方へ六七ヶ所持参之由也

一、当三月十一日未刻源之丞家人之類火、然共土蔵も残名物無恙、今度奉備　天覧也、前之家ニ紹鷗六帖敷茶座敷并小堀遠州三畳台之囲有、然□年々加州ヨリ御所望、当春頻ニ被仰下、委被入御念仰之故、巨細之絵図紙形立申様ニ仕立、三月八日ニ差下シ候、其以後十一日類火ニ逢申候、今度作事可仕と存、右之座敷も取立申度念願ニ而則加州へ申入、右之絵図紙形被返遣候て少も無紛申義取立申覚悟候ニ、珠光六帖敷之座敷ハ杉ニ而見事成板也、如此杉当時有之間敷と諸人申残念ニ存処ニ、或夜俄ニ大風吹出東大寺山之古キ大木之杉を根本より吹折申也、依之此杉東大寺衆へ申入申請候て、只今木とり仕候、無残所見事ナル木之由也、　神感之至歟、於茶道ハ奇特之儀也、土門源丞ハ代々東大寺鎮守八幡宮神職也

仁清関連の略年表

年号	西暦	事項
正保三	一六四六	十月十一日、仁和寺再興落慶式。『仁和寺御移徙記』
正保四	一六四七	この頃、御室に仁清窯開窯カ。
正保五	一六四八	正月九日、賀茂の関目民部、「御室焼之茶入壹ケ」を金閣寺（鹿苑寺）の住持鳳林承章に贈る。『隔蓂記』
慶安元	一六四八	三月二十五日、金森宗和、「宗和切形トテ、トウ四方也（中略）仁和寺ヤキト也」の茶弁当に入れるために作らせた茶入を自会に使用する。『松屋久重茶会記』
慶安二	一六四九	正月二十五日、金森宗和、江戸の本多政長に「御室焼物今日いろゑ出来申」と伝える。『本多政長宛宗和書状』
		八月二十四日、鳳林承章、仁和寺再建の作事奉行を務めた木下利當方「焼物師清右衛門」の陶技を見る。「水指・皿・茶碗等」を作成させ、「御室焼茶入」として「唐物似丸壺」を取る。『隔蓂記』
承応元	一六五二	十月十一日、金森宗和、茶会に「茶碗御室赤絵薄入絵丸五ツ」使用。『宗和茶湯書』
承応二	一六五三	閏六月七日、金森宗和、幕府の大番頭の堀利長に「御室焼物御用候よし、茶入・茶碗いくつほと御用候」と御室焼斡旋。『堀利長宛宗和書状』
明暦元	一六五五	六月二十三日、京都所司代牧野親成、将軍に拝謁し「御室窯香炉・茶碗」を献上。『徳川実紀』（以後天和元年まで『徳川実紀』に御室焼がたびたび所見）
		九月二十六日、壺屋清右衛門、仁和寺に於いて九条太閤・二条関白の前で「焼物型作」を見せる。『御室御記』
明暦二	一六五六	十二月十八日、「金森宗和老去十五日逝去之由」の記載。（七十三歳）『隔蓂記』
		「奉寄進　野々村播磨□（大）　明暦弐年」刻銘出土陶片。

明暦三	一六五七	四月「奉寄進　播磨入道仁清作　明暦三年卯月」刻銘「色絵輪宝羯磨文香炉」（作品No.31）
万治三	一六六〇	三月十一日、後水尾院、仁和寺で「任清焼物共」叡覧。『隔蓂記』
		十月十九日、鳳林承章、安養寺龍空より「錦手赤絵御室任世作之茶碗」贈られる。『隔蓂記』
延宝元	一六七三	丸亀藩主京極高豊、江戸の上屋敷をこの年から三年かけて再建、その前後に茶壺等を注文カ。
延宝二	一六七四	十二月二十九日、「請人　仁清、借主　清右衛門、名代　清次郎判」の金子借用証文。
延宝五	一六七七	二月十二日、「野々村仁清判、同清右衛門判」の金子借用証文。
延宝六	一六七八	八月二十日、尾戸の陶工森田久右衛門、京都の御室焼を訪ね「釜《（窯）》も七ツ有、唯今之焼手野々村仁清と申す者也（中略）掛花入ニしやくはち《（尺八）》有、かうろ《（香炉）》ニ　ゐひ　有、おし鳥《（鴛鴦）》・きし《（雉）》なと有」と窯の様子や生産品のこと等を記す。『森田久右衛門日記』
天和二	一六八二	京都の名所記に仁清の焼造する御室焼では、始め「狩野探幽并永真等」が描き、後にその画様で焼くものが多いと記される。『雍州府志』
貞享三	一六八六	六月二日、真敬法親王、品宮邸で「仁和寺焼物師」の陶技を見る。『一乗院門跡真敬親王日記』
元禄二	一六八九	尾形乾山、御室に習静堂を建てて移り住む。
元禄七	一六九四	五月十八日、京極高豊没。（四十歳）
		この頃、初代仁清没カ。
元禄八	一六九五	九月二十六日、加賀藩江戸屋敷に、「御室焼御香合十三」京都より届くが、「事之外不出来御用ニ立かたく候（中略）仁清二代ニ罷成下手ニ御座候」ゆえ返却を決める。『前田貞親覚書』
		十月二十三日、加賀藩の香合、御室焼から伊万里焼に変更。『前田貞親覚書』
元禄一二	一六九九	八月十三日、二代仁清、「仁清伝書」に署名し、陶法を乾山に譲る。『陶工必用』

作品リスト

第一章　宗和好みと仁清のかたち

No.	指定	作品名	作者・筆者	員数	年代	所蔵	掲載頁
1	◎	銹絵水仙文茶碗	野々村仁清	一口	江戸時代（十七世紀）	天寧寺	8
2		金森宗和寄進状	金森宗和	一幅	江戸時代（十七世紀）	天寧寺	9
3		流釉茶碗　銘 片男波	野々村仁清	一口	江戸時代（十七世紀）	個人蔵	10
4		銹絵瓢箪唐草文茶碗	野々村仁清	一口	江戸時代（十七世紀）	個人蔵	11
5		呉器写茶碗　銘 無一物	野々村仁清	一口	江戸時代（十七世紀）	静嘉堂文庫美術館	12
6		色絵波に三日月図茶碗	野々村仁清	一口	江戸時代（十七世紀）	東京国立博物館	13
7		銹絵梅月文茶碗	野々村仁清	一口	江戸時代（十七世紀）	MOA美術館	14
8		白釉輪花水指　雪月花	野々村仁清	一口	江戸時代（十七世紀）	湯木美術館	15
9		瀬戸釉肩衝長茶入　銘 存命	野々村仁清	一口	江戸時代（十七世紀）	野村美術館	16
10		黒釉金彩肩衝長茶入　銘 しらね	野々村仁清	一口	江戸時代（十七世紀）	滴翠美術館	17
11		褐釉撫四方茶入	野々村仁清	一口	江戸時代（十七世紀）	高津古文化会館	18
12		褐釉水滴茶入	野々村仁清	一口	江戸時代（十七世紀）	MOA美術館	19
13		唐物写組茶入	野々村仁清	八口	江戸時代（十七世紀）	根津美術館	20〜21
14		白濁釉月形水指	野々村仁清	一口	江戸時代（十七世紀）	MOA美術館	22
15		灰釉八角口下蕪花生	野々村仁清	一口	江戸時代（十七世紀）	MOA美術館	23
16		信楽写耳付水指	野々村仁清	一口	江戸時代（十七世紀）	個人蔵	24

指定＝●国宝／◎重要文化財／○重要美術品

17		百合形向付	野々村仁清	五客	江戸時代（十七世紀）	根津美術館	25
18		御深井写菊透文深鉢	野々村仁清	一口	江戸時代（十七世紀）	根津美術館	26
19		仁清工人偈	江雪宗立	一幅	明暦二年（一六五六）	世界救世教いづのめ教団	27

第二章　金、銀、色絵への展開

No.	指定	作品名	作者・筆者	員数	年代	所蔵	掲載頁
20	◎	色絵金銀菱文重茶碗	野々村仁清	二口	江戸時代（十七世紀）	MOA美術館	30〜31
21	◎	色絵鱗波文茶碗	野々村仁清	一口	江戸時代（十七世紀）	北村美術館	32
22		色絵青海波文茶碗	野々村仁清	一口	江戸時代（十七世紀）	個人蔵	33
23		色絵鉄仙花文茶碗	野々村仁清	一口	江戸時代（十七世紀）	根津美術館	34〜35
24	○	色絵武蔵野図茶碗	野々村仁清	一口	江戸時代（十七世紀）	根津美術館	36〜37
25		色絵結熨斗文茶碗	野々村仁清	一口	江戸時代（十七世紀）	根津美術館	38
26		色絵牡丹文茶碗	野々村仁清	一口	江戸時代（十七世紀）	MOA美術館	39
27		色絵花輪違文茶碗	野々村仁清	一口	江戸時代（十七世紀）	サントリー美術館	40
28		色絵金銀菱繋文茶碗	野々村仁清	一口	江戸時代（十七世紀）	愛知県陶磁美術館	41
29		色絵歌書巻文四方茶碗	野々村仁清	一口	江戸時代（十七世紀）	MOA美術館	42
30		色絵龍田川文四方茶碗	野々村仁清	一口	江戸時代（十七世紀）	MOA美術館	43
31	◎	色絵輪宝羯磨文香炉	野々村仁清	一口	江戸時代（十七世紀）	藤田美術館	44
32		色絵輪宝羯磨文香炉	野々村仁清	一口	江戸時代（十七世紀）	サントリー美術館	45
33	◎	色絵法螺貝香炉	野々村仁清	一合	江戸時代（十七世紀）	静嘉堂文庫美術館	46〜47
34	◎	色絵瓔珞文花生	野々村仁清	一口	江戸時代（十七世紀）	仁和寺	48〜49

No.	指定	作品名	作者・筆者	員数	年代	所蔵	掲載頁
35		色絵熨斗香合	野々村仁清	一合	江戸時代（十七世紀）	MOA美術館	50
36		色絵柳橋図水指	野々村仁清	一口	江戸時代（十七世紀）	湯木美術館	51
37		柳橋図屏風		六曲一双	桃山時代（十七世紀初期）	MOA美術館	52～53
38		色絵おしどり香合	野々村仁清	一合	江戸時代（十七世紀）	藤田美術館	54
39		色絵おしどり香合	野々村仁清	一合	江戸時代（十七世紀）	大和文華館	55
40		色絵ぶりぶり香合	野々村仁清	一合	江戸時代（十七世紀）	根津美術館	56
41		色絵羽子板香合	野々村仁清	一合	江戸時代（十七世紀）	野村美術館	57
42		色絵玄猪包香合	野々村仁清	一合	江戸時代（十七世紀）	個人蔵	58
43		色絵うんすんカルタ香合	野々村仁清	一合	江戸時代（十七世紀）	個人蔵	59
44		色絵結文香合	野々村仁清	一合	江戸時代（十七世紀）	湯木美術館	60
45		色絵結文香合	野々村仁清	一合	江戸時代（十七世紀）	滴翠美術館	61
46		色絵結文香合	野々村仁清	一合	江戸時代（十七世紀）	根津美術館	62
47		色絵結文香合	野々村仁清	一合	江戸時代（十七世紀）	MOA美術館	63
48		色絵鶴香合	野々村仁清	一合	江戸時代（十七世紀）	サントリー美術館	64
49		色絵ひよどり香合	野々村仁清	一合	江戸時代（十七世紀）	滴翠美術館	65

第三章　絵画・工芸意匠と仁清―京極家の茶壺を中心に―

No.	指定	作品名	作者・筆者	員数	年代	所蔵	掲載頁
50	◉	色絵藤花文茶壺	野々村仁清	一口	江戸時代（十七世紀）	MOA美術館	68～71
51		藤花図屏風	長谷川宗圜	六曲一隻	江戸時代初期（十七世紀）	盛安寺	72～73
52		藤牡丹楓図	本阿弥光甫	三幅対	江戸時代（十七世紀）	東京国立博物館	74～75

53		花卉摺絵新古今集和歌巻	本阿弥光悦	一巻	桃山～江戸時代（十七世紀初期）	MOA美術館	76～77
54		藤花猿蒔絵提簞笥		一基	桃山～江戸時代（十七世紀初期）	根津美術館	77
55		犬を連れた禿図		一幅	江戸時代（十七世紀）	千葉市美術館	78
56		草花蒔絵螺鈿角徳利		一口	桃山時代（十六世紀）	MOA美術館	79
57		藤棚青海波模様小袖		一領	江戸時代（十七世紀）	松坂屋コレクション	80
58		藤棚模様小袖		一領	江戸時代（十八世紀）	国立歴史民俗博物館	81
59	◎	色絵月梅図茶壺	野々村仁清	一口	江戸時代（十七世紀）	東京国立博物館	82～83
60		紅白梅図屏風		六曲一双	江戸時代（十七世紀）	高林寺	84～85
61		梅月図	狩野探幽	一幅	江戸時代（十七世紀）	MOA美術館	86
62	◎	梅月蒔絵文台		一基	室町時代（十六世紀）	太宰府天満宮	87
63		梅樹模様小袖		一領	江戸時代（十八世紀）	国立歴史民俗博物館	88
64		梅樹文字模様小袖		一領	江戸時代（十八世紀）	国立歴史民俗博物館	89
65	◎	色絵吉野山図茶壺	野々村仁清	一口	江戸時代（十七世紀）	静嘉堂文庫美術館	90～91
66	◎	色絵吉野山図茶壺	野々村仁清	一口	江戸時代（十七世紀）	福岡市美術館	92～93
67		吉野山図屏風	渡辺始興	六曲一双	江戸時代（十八世紀）	個人蔵	94～95
68	◎	色絵山寺図茶壺	野々村仁清	一口	江戸時代（十七世紀）	根津美術館	96～97
69	◎	色絵若松椿図茶壺	野々村仁清	一口	江戸時代（十七世紀）	国〈文化庁保管〉	98～99
70		色絵龍図茶壺	野々村仁清	一口	江戸時代（十七世紀）	個人蔵	100～101
71	◎	色絵牡丹図水指	野々村仁清	一口	江戸時代（十七世紀）	東京国立博物館	102～103
72	◎	色絵釘隠	野々村仁清	二十一個	江戸時代（十七世紀）	京都国立博物館	104～105

監修者・執筆者紹介

監修

西田宏子［にしだ・ひろこ］

昭和十四年（一九三九）、東京都生まれ。慶應義塾大学文学部および英国オックスフォード大学大学院卒。哲学博士。専門は東洋陶磁史。東京国立博物館勤務を経て、オランダ、英国、韓国へ留学後、根津美術館に勤務し、副館長兼学芸部長をつとめ、現在は同館顧問。おもな著書に『東西交流の陶磁史』（中央公論美術出版）、『日本陶磁大系22 九谷』（平凡社）、共著に『中国の陶磁6 天目』（平凡社）などがある。

岡 佳子［おか・よしこ］

昭和二十九年（一九五四）、福岡県北九州市生まれ。京都女子大学大学院文学研究科修士課程修了。芸術学博士。専門は日本文化史・陶磁史。京都市社会教育振興財団職員、京都市歴史資料館嘱託を経て、大手前女子大学文学部専任講師。現在、大手前大学総合文化学部教授。おもな著書に『国宝仁清の謎』（角川書店）、『近世京焼の研究』（思文閣出版）、共編著に『窯別ガイド 日本のやきもの 京都』（淡交社）などがある。

執筆

阿部善也［あべ・よしなり］

昭和五十九年（一九八四）、東京都生まれ。東京理科大学大学院修士課程、同博士課程修了。分析化学を専攻。現在、日本ガラス工芸学会理事、東京理科大学理学部第一部応用化学科嘱託特別講師。国内外の文化財・考古遺物を対象として、X線を中心とした非破壊分析を適用し、産地・技法の研究に取り組む。共著に『東大寺の新研究1 東大寺の美術と考古』などがある。

伊藤嘉章［いとう・よしあき］

昭和三十二年（一九五七）、岐阜県生まれ。名古屋大学大学院文学研究科考古学修士課程修了。専門は日本陶磁史。岐阜市歴史博物館勤務を経て東京国立博物館勤務。京都国立博物館副館長、九州国立博物館副館長を歴任。現在、愛知県陶磁美術館総長。監修に『図解 日本のやきもの』（東京美術）、共著に『やきもの名鑑2 桃山の茶陶』（講談社）、『カラー版 日本やきもの史』（美術出版社）などがある。

内田篤呉［うちだ・とくご］

昭和二十七年（一九五二）、東京都生まれ。慶應義塾大学卒。美学博士。専門は日本美術史。現在、MOA美術館・箱根美術館館長。九州大学客員教授及びお茶の水女子大学大学院、慶應義塾大学、東京藝術大学、武蔵野美術大学、沖縄県立芸術大学の非常勤講師を務め、文部科学省文化審議会、世界文化遺産・無形文化財遺産などの各種委員を歴任。おもな著書に『塗物茶器の研究』『硯箱の美　蒔絵の精華』（いずれも淡交社）、『光琳蒔絵の研究』（中央公論美術出版）、編著に『光琳ART　光琳と現代美術』（角川学芸出版）などがある。「仁清　金と銀」展のキュレーションを担当。

岸本香織［きしもと・かおり］

昭和四十六年（一九七一）、京都府生まれ。京都女子大学大学院文学研究科修士課程修了。専門は日本中世・近世の公家社会。現在、公益財団法人冷泉家時雨亭文庫調査員、大手前大学史学研究所客員研究員。おもな論文に「播磨国越部下荘相論に関する一考察―元亨三年後醍醐天皇安堵について―」（『史窓』京都女子大学史学会）、「天明元年尊乗二品宣下について」（『尼寺文書調査の成果を基盤とした日本の女性と仏教の総合研究』岡佳子）、「天明大火直後の洛中―触から見る大火後一ヶ月の動き―」（『近世京都災害関係資料』立命館大学）などがある。

米井善明［こめい・よしあき］

昭和四十七年（一九七二）、鳥取県生まれ。広島大学卒。箱根美術館勤務を経て、平成二十二年（二〇一〇）よりMOA美術館学芸部に勤務。現在、同館学芸課長代理。専門は日本陶磁史。これまで「岡田茂吉賞展」など、今回「仁清　金と銀」展を担当。

中井　泉［なかい・いずみ］

昭和二十八年（一九五三）、東京都生まれ。東京教育大学大学院修士課程、筑波大学大学院博士課程修了。理学博士。東京理科大学教授を経て、現在、同大学名誉教授。元同大学グリーン光科学技術研究センター長。日本ガラス工芸学会前会長。世界各地の考古遺跡・博物館で文化財をその場分析し、物質史の解読を行う。著書に『蛍光X線分析の実際』（朝倉書店）、共著に『光琳ART　光琳と現代美術』（角川学芸出版）などがある。

村串まどか［むらくし・まどか］

平成三年（一九九一）、静岡県生まれ。奈良教育大学卒、東京理科大学大学院修士課程、同博士後期課程修了。理学博士。専門は文化財科学。現在、日本学術振興会特別研究員PD（筑波大学人文社会系）。

美術館紹介

仁清作「色絵藤花文茶壺」の
特別展示室

ＭＯＡ美術館は、創立者・岡田茂吉の生誕百年を記念し、昭和五十七年（一九八二）に開館しました。

コレクションは尾形光琳筆「紅白梅図屛風」、仁清作「色絵藤花文茶壺」、手鑑「翰墨城」の国宝三点をはじめ、重要文化財六十七点、重要美術品四十六点を含む約三千五百点で、絵画、書跡、工芸、彫刻など多様な分野に亘ります。各分野の美術史を語る上で欠くことのできない、保存状態が良好な作品が多い点は大きな特徴です。

平成二十九年（二〇一七）のリニューアルでは、現代美術作家・杉本博司氏と建築家・榊田倫之氏が主宰する「新素材研究所」が設計を手掛け、伝統的素材と現代的デザインが融合した新しい空間を体現しました。

館内では、豊臣秀吉による黄金の茶室も復元・公開し、茶の庭では尾形光琳の屋敷を復元した光琳屋敷を公開する他、四季折々に変化する庭園の美も楽しめます。

所在地　静岡県熱海市桃山町二六－二
電話〇五五七－八四－二五一一（代表）
http://www.moaart.or.jp
開館時間　九時三〇分～一六時三〇分（最終入館は一六時まで）
休館日　木曜日（祝休日の場合は開館）展示替期間、年末年始
アクセス　ＪＲ熱海駅より
バス：8番乗り場より、ＭＯＡ美術館行きで約七分、終点下車
タクシー：タクシー乗り場より約五分

謝辞

本書の刊行にあたり、ご協力いただきました関係諸機関、およびお名前の掲載を控えさせていただいたご所蔵者、関係者の皆様に心より御礼申し上げます。

愛知県陶磁美術館
一般社団法人 J.フロントリテイリング史料館
出光美術館
金沢市立玉川図書館近世史料館
株式会社JALブランドコミュニケーション
北村美術館
京都国立博物館
宮内庁書陵部
高津古文化会館
高林寺
国立歴史民俗博物館
サントリー美術館
神通静玩堂
盛安寺
静嘉堂文庫美術館
世界救世教いづのめ教団
太宰府天満宮
千葉市美術館
滴翠美術館
天寧寺
東京国立博物館
奈良国立博物館
仁和寺
根津美術館
野村美術館
平寿商店
福岡市美術館
藤田美術館
文化庁
丸亀市立資料館
柳 孝治
大和文華館
湯木美術館
（敬称略・五十音順）

写真撮影・提供

画像は各所蔵先から提供いただいたほか、
左記の撮影・提供によるものを使用した。（敬称略・順不同）

静嘉堂文庫美術館イメージアーカイブ／
DNPartcom（p.12・46〜47・90〜91）
Image: TNM Image Archives（p.13・74〜75・82〜85・94〜95・102〜103）
京都国立博物館（p.8・9・48〜49）
奈良国立博物館（撮影・佐々木香輔）（p.44）
小林庸浩（p.139）
渞 忠之（p.1・6・10・14・22・23・24・28〜31・39・42・43・50・59・63・66〜71・79・106・107）
宮野正喜（p.33）
宮原尚永堂（p.11）

装訂・本文デザイン
大西未生（株式会社 ザイン）

仁清 金と銀

NINSEI Silver and Gold

二〇一九年十一月二十二日　初版発行

監修　西田宏子　岡 佳子
編集　MOA美術館
発行者　納屋嘉人
発行所　株式会社 淡交社
本社　〒六〇三-八五八八　京都市北区堀川通鞍馬口上ル
営業（〇七五）四三二-五一五一
編集（〇七五）四三二-五一六一
支社　〒一六二-〇〇六一　東京都新宿区市谷柳町三九-一
営業（〇三）五二六九-七九四一
編集（〇三）五二六九-一六九一
www.tankosha.co.jp

印刷・製本　株式会社 サンエムカラー

ISBN978-4-473-04354-2